Das hab ich selbst

gebacken

Das hab ich selbst gebacken

Über 100 Backrezepte für Kinder

Jan Thorbecke Verlag

Inhalt

Los geht's ...

Es bringt einfach Spaß, Leckeres wie Blätterteig mit Wurst, süße und herzhafte Muffins, Pizzas, Pies, Cupcakes und Kekse zu backen ... und noch viel mehr, sie zu essen. Damit alles klappt, musst du bestimmte Techniken kennen und wissen, wie man beispielsweise Eiweiß für Baisers steif schlägt, Zuckerguss zubereitet und Teig ausrollt. Mit Hilfe dieses Buches lernst du das im Nu und wirst bald backen wie ein richtiger Konditormeister!

Richtig vorbereiten

Damit dein Vorhaben gelingt, muss alles bereit liegen. Ein richtiger Koch arbeitet in einer sauberen und aufgeräumten Küche. Und das solltest du auch tun. Damit das Kochen, vor allem aber das Backen so richtig Spaß bringt, brauchst du aber noch einige andere wichtige Dinge.

◆ Zuerst liest du das Rezept einmal von vorn bis hinten durch und prüfst die Zutatenliste, damit du auch alles zur Hand hast, wenn es losgehen soll. Wenn du gerade dabei bist, einen Kuchen anzurühren und erst mal in den Laden musst, weil du etwas vergessen hast, bringt das keinen großen Spaß.

◆ Alles sollte bereit stehen. Hole die Küchenwaage raus und stelle sie auf den Tisch. Lege Holzlöffel und Messer bereit.

◆ Bereite Backbleche und Formen vor. Sie müssen mit Butter oder Öl bestrichen und mit Backpapier ausgelegt werden.

◆ Bevor du dann endlich den Rührlöffel schwingen kannst, sollten alle Zutaten bereit stehen. Öffne Dosen, schäle und zerkleinere Früchte und Gemüse, reibe Käse und wiege Mehl, Zucker und Butter ab. Sonst musst du zwischendurch deine Arbeit unterbrechen und wieder abwiegen und messen. Und manchmal muss viel abgewogen werden. Mach alles sauber, wenn du fertig bist.

◆ Lese das Rezept genau durch und füge die Zutaten in der richtigen Reihenfolge zu.

◆ Wenn im Rezept steht, dass der Backofen vorgeheizt werden muss, dann hat das seine Richtigkeit. Mehr über Backöfen erfährst du auf Seite 8.

◆ Du brauchst einen Küchentimer mit Alarmfunktion oder eine Handyuhr, die dich daran erinnert, dass das Werk aus dem Ofen muss. Man vergisst leicht, rechtzeitig die Backofentür zu öffnen, um z. B. den Kuchen herauszunehmen. Schnell ist er dann ruiniert.

Wiegen und abmessen

Es ist wichtig, dass du die Zutaten ganz genau abmisst. Das Verhältnis von Butter und Mehl, Zucker und Butter usw. muss beim Backen absolut stimmen. Wenn du dem Rezept nicht folgst, kann das Ergebnis in Mitleidenschaft gezogen werden.

In diesem Buch wirst du auf Maßangaben wie Gramm oder Liter treffen. Du findest bestimmt etwas in der Küche, mit dem du abwiegen und abmessen kannst. Die Küchenwaage ist sehr hilfreich, aber auch der Messbecher.

Das brauchst du:

◆ einen Messbecher für Flüssigkeiten. Außen am Messbecher sollten Linien und Zahlen stehen, sodass du ganz genau abmessen kannst.

◆ einige Löffel zum Abmessen: 1 Esslöffel (abgekürzt EL), 1 Teelöffel (abgekürzt TL)

Flüssigkeit abmessen

Stelle den Messbecher auf den Tisch. Während du die Flüssigkeit in den Messbecher gießt, achte ganz genau auf die äußere Linie, die zeigt, wie viel schon drin ist. Prüfe noch mal ganz genau, ob nicht zu viel oder zu wenig Flüssigkeit im Messbecher ist, ggf. musst du etwas abgießen.

Trockenzutaten abmessen

Gib die trockenen Zutaten mit einem Löffel in die Tasse oder den Messbecher (mit dem kannst du auch Mehl und Zucker abmessen), dann streiche die Oberfläche glatt. Trockene Zutaten sollten stets so abgemessen werden und nicht gehäuft (außer wenn das im Rezept steht).

Spezielle Ausstattung

Backbleche zum Kuchenbacken gibt es in unterschiedlichen Formen und Größen, und es ist gut, wenn man gleich mehrere hat. Für einige Rezepte brauchst du eine besondere Form. Für die kleinen Kuchen, die Friands genannt werden, z.B. kleine Förmchen, deren Seiten gerade sind. Es gibt auch welche, die wie ein Goldbarren mit geneigten Seiten aussehen. Auch darin kann man Friands backen. Muffinbleche mit unterschiedlich vielen Vertiefungen (meist 6 oder 12) eignen sich ebenfalls. Mit kleinen Gugelhupfformen (rund, geriffelt und mit einem Loch in der Mitte) bekommst du besonders hübsche Kuchen.

Ein elektrisches Rührgerät ist sehr hilfreich, um Butter und Zucker schaumig zu rühren oder um Eier unterzurühren. Und wenn du Baisers backen willst, schlägt es für dich das Eiweiß fest.

Back-Tipps

Du brauchst bestimmte Techniken und Methoden, um Kuchen und Kekse zu backen. Hier einige Tipps:

◆ Lese das Rezept einmal durch. Nimm alle kalt gestellten Lebensmittel wie Butter oder Eier aus dem Kühlschrank und stelle sie auf den Küchentisch, damit sie Zimmertemperatur bekommen. Wenn du Butter und Zucker verrühren musst, geht das nur mit weicher Butter, nicht mit Butter, die direkt aus dem Kühlschrank kommt.

◆ Lege Backpapier auf das Backblech, wenn es im Rezept steht, oder streiche das Blech mit Butter ein und stäube etwas Mehl darüber. Verwende die Formen, die im Rezept angegeben werden, denn danach richtet sich auch die Backzeit.

◆ Bevor du den Backofen anstellst, schiebe den Rost/das Backblech in die mittlere Einschubleiste, nach oben hin muss der Kuchen genügend Platz haben. Heize den Backofen vor wie im Rezept angegeben.

◆ Rühre Eier oder Eigelb immer einzeln und nacheinander in den Teig. Und rühre jedes einzelne Ei/Eigelb 1 Minute unter

◆ Um Eiweiß fest zu schlagen, muss der Rührbecher absolut sauber und trocken sein. Wenn nur eine Spur von Fett darin ist, wird das Eiweiß nicht steif genug.

◆ Trockenzutaten sollten mit einem großen Metalllöffel von innen nach außen unter eine Ei-Zucker-Mischung gerührt werden. Geschlagenes Eiweiß jedoch wird zum Schluss unter die anderen Zutaten gehoben.

◆ Einen dicken Kuchenteig füllst du mit einem Löffel in die vorbereitete Form, dünnere Teige gießt du hinein. Die Oberfläche des Teiges glättest du mit einem Spatel oder mit der Rückseite eines Löffels. Ein glatt gestrichener Teig bräunt gleichmäßiger.

So funktioniert der Ofen

Stelle die Backbleche zuerst in die richtige Einschubleiste (meist die mittlere, wenn es nicht anders angegeben wird), bevor du den Backofen anstellst. Heize den Ofen immer auf die Temperatur vor, die im Rezept angegeben ist, bevor du eine Form auf den Rost oder das Blech schiebst. Viele Backöfen haben ein Lämpchen: Wenn es leuchtet, ist die richtige Temperatur erreicht. Dann nichts wie hinein mit den Leckereien.

Wenn du einen Umluftofen hast (frage einen Erwachsenen, wenn du dir nicht sicher bist), wird die Temperatur etwas höher als bei einem normalen Ofen. Die Temperaturen in diesem Buch gelten für normale Öfen. Hast du einen Umluftofen, musst du nicht vorheizen. Und die Temperatur stellst du 20 °C niedriger ein als im Rezept angegeben. Das ist vor allem wichtig, wenn du Kuchen oder Kekse backst, wenn du etwas im Ofen schmorst, ist das nicht so wichtig.

Präsentation

Wenn du Kochsendungen im Fernsehen anschaust, dann weißt du, dass professionelle Köche das, was sie zubereitet haben, immer hübsch auf einem Teller anrichten. Sie dekorieren Desserts und Kuchen mit solchen Sachen wie Schokolocken und Sahnetupfen. Wenn du dafür keine Zeit hast, dann reicht es auch schon, wenn alles ordentlich angerichtet ist. Auf keinen Fall solltest du den Kuchen einfach so auf einen Teller legen. Nach der ganzen Arbeit, die du hattest, belohnst du dich selbst, wenn das Ganze hübsch aussieht. Stelle hübsches Porzellan auf den Tisch und lege bunte Servietten dazu.

Lebensmittelsicherheit

Es ist wichtig zu wissen, wie man Lebensmittel aufbewahrt. Verdorbenes Essen kann krank machen. Während man sich weniger Sorgen bei gebackenen Dingen, wie etwa Kuchen, machen muss, solltest du mit rohen Produkten wie Fleisch und Hühnchen, die du für eine Pie oder ein anderes Essen aus dem Ofen verwendest, ganz besonders vorsichtig umgehen.

Umgang mit rohem Fleisch

◆ Allgemein gilt, dass rohes Fleisch nicht länger als 3 Tage im Kühlschrank und 6 Monate im TK-Schrank aufbewahrt werden darf.

◆ Wenn du Fleisch einfrieren willst, dann wickle jedes Stück in Frischhaltefolie ein, bevor du es in einen Gefrierbeutel legst. Achte darauf, dass möglichst alle Luft raus ist. Bitte einen Erwachsenen, dir zu helfen. Beschrifte das Stück Fleisch und schreibe auch das Datum darauf. Denn ist es erst einmal eingefroren, ist es fast unmöglich zu erkennen, was darin steckt.

Zum Auftauen legst du das Fleisch auf einen großen Teller und stellst diesen in den Kühlschrank. Das Fleisch muss vor der Weiterverarbeitung ganz aufgetaut sein. Wenn du dir nicht sicher bist, frage einen Erwachsenen. Je nachdem, wie groß das Stück Fleisch ist, kann das mehrere Stunden oder sogar eine ganze Nacht

Lebensmittelallergie

Einige Menschen reagieren auf bestimmte Lebensmittel allergisch und können sehr krank werden, wenn sie das essen. Wenn du Freunde zum Essen einladen möchtest, frag einen Erwachsenen in der Familie, ob dein Freund/deine Freundin davon betroffen ist. Dann kannst du diese Zutat weglassen bzw. etwas anderes zubereiten. Wenn jemand eine schwere Nussallergie hat (z. B. Erdnüsse), musst du dafür sorgen, dass nicht einmal eine klitzekleine Menge davon drin ist. Und Kinder unter fünf Jahren sollten sowieso keine Nüsse oder kleine Süßigkeiten bekommen, denn sie können sie verschlucken.

dauern. Taue das Fleisch niemals bei Zimmertemperatur oder unter Wasser auf. Und friere das Fleisch erst wieder ein, wenn es zuvor durchgegart worden ist.

Umgang mit rohem Hühnchen

Hühnchen erfordert einen ganz besonders sorgfältigen Umgang, denn es kann gefährliche Bakterien enthalten.

♦ Bewahre es nicht länger als 2 Tage im Kühlschrank auf und friere es nur bis zu 6 Monate ein.

♦ Aufgetaut wird Hühnchen wie Fleisch. Es muss innerhalb von 12 Stunden nach dem Auftauen gegart werden. Rohes Hähnchenfleisch (oder anderes rohes Fleisch) darf niemals in Kontakt mit anderen Lebensmitteln im Kühlschrank kommen.

Umgang mit gegarten Lebensmitteln

♦ Heißes Essen, das aufbewahrt werden soll, schnell abkühlen lassen. Sobald kein Dampf mehr zu sehen ist, kann es in den Kühlschrank.

♦ Wenn du etwas in deine Frühstücksbox legen willst, dann nehme eine isolierte Box oder verwende zusätzlich einen Gefrierbeutel. Lege nie die heißen Lebensmittel hinein, lasse sie vorher über Nacht abkühlen.

Hygiene und persönliche Sicherheit

1   Frage immer einen Erwachsenen um Erlaubnis, bevor du etwas backst. Und lasse dir helfen, wenn du noch nicht sicher bist, wie man etwas klein hackt oder mit heißen Formen umgeht.

2   Bevor du anfängst, wasche deine Hände gut mit Seife und Wasser, binde das Haar zusammen, wenn es sehr lang ist, und trage eine Schürze, um deine Sachen zu schützen. Verwende saubere, trockene Ofenhandschuhe und Geschirrtücher.

3   Wenn du etwas auf der Herdplatte zubereitest, dann drehe die Topfgriffe zur Seite, damit du nicht dagegen kommst. Wenn du etwas umrührst, halte den Topf dabei fest.

4   Verwende nie elektrische Geräte in der Nähe von Wasser. Trockne deine Hände gut ab, bevor du irgendein elektrisches Gerät benutzt. Wenn du damit fertig bist, stelle es aus und ziehe den Stecker aus der Steckdose. Danach kannst du es säubern.

5   Ziehe immer dicke, trockene Ofenhandschuhe an, wenn du etwas aus dem Ofen nimmst.

6   Stelle den Backofen oder die Herdplatte aus, wenn du fertig bist.

Zu diesem Buch

Alle Rezepte bestehen aus einfachen Schritt-für-Schritt-Anleitungen. Zu jedem Rezept gibt es ein Bild, damit du sehen kannst, wie dein fertiges Produkt aussehen könnte. Bei einigen Rezepten gibt es auch Fotos von den einzelnen Arbeitsgängen. Das kann dir weiterhelfen, wenn die Technik dir nicht bekannt oder schwierig ist.

> Sind Kinder unter fünf Jahren dabei, darf kein Zahnstocher auf den Tisch oder in die Lebensmittel.

Zum Schluss ... wünschen wir dir viel Spaß beim Backen. Genieße deine Reise auf dem Weg zum Konditormeister!

Herzhafte Häppchen

Mini-Scones mit Schinken und Käse

ERGIBT ETWA 40 STÜCK

250 g Weizenmehl

2 TL Backpulver

¾ TL Salz

110 g Butter

100 g fester Blauschimmelkäse

2 EL Schnittlauchröllchen

185 ml Milch

Füllung

4 EL milder Tafelsenf

150 g gekochter Schinken, in Scheiben

100 g Gouda-Käse, in Scheiben

1 Siebe Mehl, Backpulver und Salz in eine Rührschüssel. Reibe Butter und Käse dazu und knete beides mit den Händen unter das Mehl. Jetzt kommen die Schnittlauchröllchen dazu. Gieße die Milch hinein und rühre die Zutaten so lange mit einer großen Gabel, bis ein glatter Teig entsteht.

2 Heize den Backofen auf 220 °C vor und streue etwas Mehl auf die Arbeitsfläche. Jetzt knetest du den Teig noch einmal durch, dann rollst du ihn zu einem Rechteck aus (ca. 15 × 25 cm). Die breite Seite des Teiges liegt vor dir. Falte von oben und von unten den Teig zur Mitte hin ein und rolle ihn noch einmal aus. Er soll 1 cm dick sein.

3 Mit einer runden Ausstechform werden Kreise (Durchmesser ca. 3 cm) ausgestochen. Die Teigreste knetest du noch mal zusammen und rollst den Teig wieder aus. Dann weitere Kreise ausstechen. Lege die Teigkreise auf ein Backblech und stelle sie 20 Minuten kalt. Dann 10–12 Minuten backen.

4 Die Scones quer durchschneiden und die untere Hälfte mit Senf bestreichen. Dann eine Scheibe Schinken und eine Scheibe Käse darauflegen. Jetzt legst du die obere Hälfte darauf.

Muffins mit Tomaten, Mozzarella und Basilikum

ERGIBT 24 STÜCK

170 g Weizenmehl

½ Packung Backpulver

185 ml Milch

1 verquirltes Ei

1 gewürfelte Tomate

2 kleine Mozzarella-Kugeln, klein geschnitten

1 ½ EL gehacktes Basilikum

30 g zerlassene und abgekühlte Butter

1 Heize den Backofen auf 200 °C vor und bestreiche 24 Muffin-Vertiefungen mit etwas Butter.

2 Siebe Mehl und Backpulver in eine Rührschüssel. In die Mitte machst du eine Vertiefung.

3 Verrühre Milch und Eier, dann gieße dies in die Vertiefung. Tomate, Mozzarella, Basilikum und Butter dazugeben und den Teig so lange rühren, bis er geschmeidig ist.

4 In jede Vertiefung der Muffinbleche kommt gleich viel Teig. Die Muffins in 25 Minuten goldgelb backen. Vor dem Essen 5 Minuten abkühlen lassen.

Muffins mit Parmesan, Kürbis und Zucchini

ERGIBT 30 STÜCK

100 g grob gehacktes Kürbisfleisch

125 g Weizenmehl

½ TL Backpulver

35 g geriebener Parmesankäse

½ geriebene Zucchini

60 g zerlassene und abgekühlte Butter

1 Ei

100 ml Milch

½ EL Sesamsamen

2 EL geriebener Parmesankäse

1 Heize den Backofen auf 190 °C vor und lege Papierförmchen in die Muffin-Vertiefungen. Gare den Kürbis 10 Minuten in kochendem Wasser und püriere dann das Fruchtfleisch.

2 Siebe Mehl und Backpulver in eine Rührschüssel. Rühre den Parmesan darunter und mache in die Mitte eine Vertiefung.

3 Gib Kürbis, Zucchini und Butter in eine zweite Schüssel. Verquirle das Ei und verrühre dann die Hälfte des Eis mit der Milch und der Kürbismischung. Gut durchrühren.

4 Jetzt kommt alles zum Mehl. Knete die Zutaten gut durch.

5 Dann verteile in jeder Muffin-Vertiefung gleich viel Teig. Streue Sesam und Parmesan darauf.

6 Die Muffins 35 Minuten backen, bis sie goldgelb sind. 5 Minuten abkühlen lassen, dann auf einen Rost stellen und vollständig erkalten lassen.

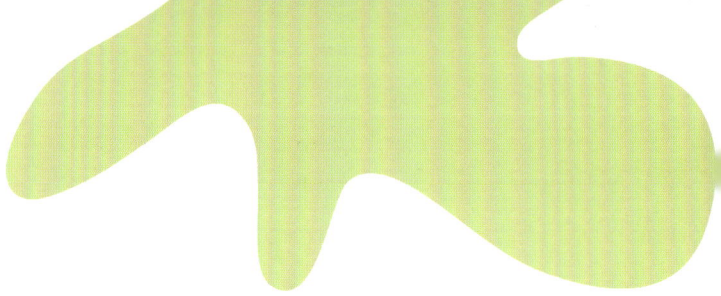

Fleisch-Tomaten-Tartes

ERGIBT 24 STÜCK

6 Scheiben Mürbeteig aus dem Kühlregal

1 EL Öl

1 gehackte Zwiebel

2 zerdrückte Knoblauchzehen

500 g Rinderhack

2 EL Weizenmehl

375 ml Fleischbrühe

4 EL Tomatensoße oder Ketchup

2 TL Worcestersoße

½ TL gemischte gerebelte Kräuter

2 kleine Tomaten, in Scheiben

½ TL gerebelter Oregano

Ketchup zum Servieren

1 Heize den Backofen auf 200 °C vor.

2 Aus dem Teig 24 Kreise (Durchmesser 7 cm) ausstechen. Die Vertiefungen der Muffinform bestreichst du mit etwas Butter, dann drückst du die Teigkreise hinein.

3 Jetzt erhitzt du das Öl in einem Topf und lässt Zwiebel und Knoblauch darin 2 Minuten braten. Dann sollte die Zwiebel weich sein. Jetzt kommt das Hack hinzu, das du so lange krümelig brätst, bis es eine schöne braune Farbe hat (ca. 5 Minuten).

4 Rühre das Mehl ein und lasse das Ganze noch eine Minute braten. Dann kommen Brühe, Soßen und Kräuter in den Topf. Lasse das Ganze 5 Minuten köcheln, bis es sämig wird, ab und zu umrühren. Abkühlen lassen.

5 Die Füllung kommt jetzt in die vorbereiteten Vertiefungen. Lege jeweils 2 Scheiben Tomaten darauf und bestreue diese mit Oregano. 25 Minuten backen, dann sind die Tartes gold-gelb und knusprig. Heiß mit Ketchup essen.

Seemannsknoten

ERGIBT 24 STÜCK

1 Rolle Blätterteig aus dem Kühlregal

1 verquirltes Ei

1 EL Sesamsamen

20 g geriebener Gouda-Käse

1 Heize den Backofen auf 210 °C vor und bestreiche ein Backblech mit etwas Öl.

2 Rolle den Teig auseinander und schneide ihn einmal durch und dann von der breiten Seite in 2 cm breite Streifen.

3 In jeden Streifen machst du einen einfachen Knoten. Aufs Backblech legen.

4 Die Knoten mit Ei bestreichen und mit Sesam und Käse bestreuen.

5 Die Seemannsknoten in 10 Minuten goldgelb backen. Auf einem Rost abkühlen lassen.

Hinweis: Die Seemannsknoten können schon 3 Tage vorher gebacken werden. Bewahre sie in einem luftdichten Gefäß auf, das an einem kühlen, trockenen Ort steht.

Mais-Paprika-Tartelettes

ERGIBT 36 STÜCK

3 aufgetaute TK-Blätterteig-Platten

310 g Mais aus der Dose, abgetropft

150 g geriebener Bergkäse oder mittelalter Gouda

1 kleine rote Paprikaschote, entkernt, fein gewürfelt

2 verquirlte Eier

3 EL Buttermilch

170 g Sahne

1 TL Tafelsenf

1 Spritzer Tabascosoße

1 Lege die aufgetauten Blätterteig-Platten auf eine leicht bemehlte Fläche. Heize den Backofen auf 200 °C vor und fette drei Muffinbleche mit jeweils zwölf Vertiefungen ein. Mit einer 6 cm großen Ausstechform stichst du 36 Kreise aus dem Teig aus. Jeden Teigkreis in eine der Vertiefungen der Muffinbleche legen und andrücken. Mit einer Gabel den Teig mehrmals einstechen.

2 Mische Mais, Käse und Paprika in einer Schüssel und würze nach deinem Geschmack. Dann Eier, Buttermilch, Sahne, Senf und Tabascosoße verrühren.

3 Etwas von der Gemüsemischung auf jede Tartelette geben und mit der Eier-Sahne-Mischung begießen. Die Förmchen dürfen richtig voll sein. Die Tartelettes 20–25 Minuten backen und vor dem Essen abkühlen lassen.

Hähnchenrollen

ERGIBT 36 STÜCK

3 aufgetaute TK-Blätterteig-Platten
2 verquirlte Eier
750 g Geflügelhackfleisch
4 fein gehackte Frühlingszwiebeln
80 g frische Semmelbrösel
1 fein geriebene Möhre
2 EL fruchtiges Chutney
1 EL süße Chilisoße
1 EL frisch geriebener Ingwer
Sesamsamen zum Bestreuen

1 Lege die aufgetauten Blätterteig-Platten auf eine leicht be-mehlte Fläche. Heize den Backofen auf 200 °C vor und fette zwei Backbleche ein.

2 Schneide die Platten einmal durch und bestreiche sie mit etwas verquirltem Ei.

3 Die Hälfte der verbliebenen Eimasse mischt du mit den restli-chen Zutaten (bis auf Sesam) in einer großen Schüssel. Dann teilst du die Masse in sechs Portionen auf.

4 Gib einen Teil der Masse in die Mitte jeder der sechs Teig-platten und bestreiche die Teigkanten mit der Eimasse.

5 Lege jetzt den Teig über die Füllung, erst von unten, dann von oben, sodass der Teig sich überlappt. Die Rollen mit Ei be-streichen und mit Sesam bestreuen. Dann schneidest du die Rollen in sechs Stücke und ritzt jedes Stück zweimal an der Oberfläche ein.

6 Lege die Stücke auf die Backbleche und backe sie 15 Minu-ten. Dann stellst du die Backofentemperatur auf 180 °C und backst die Rollen weitere 15 Minuten, bis sie goldbraun sind.

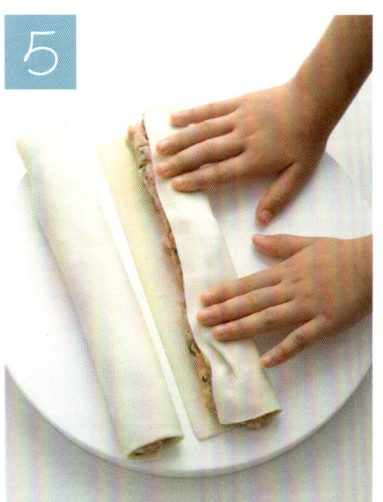

Gemüse in Blätterteig

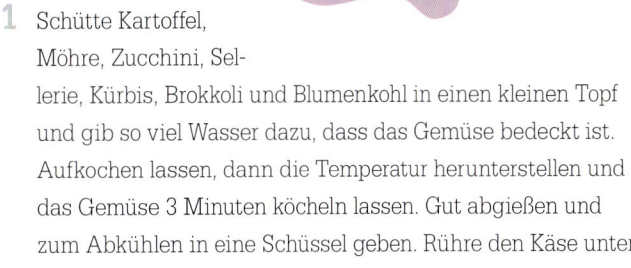

ERGIBT 12 STÜCK

1 geschälte und fein gewürfelte Kartoffel

1 fein gewürfelte Möhre

1 geschälte und gewürfelte Zucchini

1 gewürfelte Selleriestange

50 g gewürfelter Kürbis

40 g gewürfelter Brokkoli

30 g gewürfelter Blumenkohl

250 g geriebener würziger Käse

1 aufgetaute, halbierte TK-Blätterteig-Platte

Milch zum Bestreichen

1 Schütte Kartoffel, Möhre, Zucchini, Sellerie, Kürbis, Brokkoli und Blumenkohl in einen kleinen Topf und gib so viel Wasser dazu, dass das Gemüse bedeckt ist. Aufkochen lassen, dann die Temperatur herunterstellen und das Gemüse 3 Minuten köcheln lassen. Gut abgießen und zum Abkühlen in eine Schüssel geben. Rühre den Käse unter das Gemüse.

2 Heize den Backofen auf 220 °C vor. Lege die beiden Hälften der aufgetauten Blätterteig-Platte auf eine leicht bemehlte Fläche und verstreiche jeweils die Hälfte der Gemüsemischung darauf, aber nicht ganz bis zum Rand.

3 Rolle die Teigplatten zu einer Wurst auf und bestreiche die Kanten mit etwas Milch. Die Teigkanten drückst du fest zusammen. Lege die Rollen mit der Naht nach unten auf ein Schneidbrett.

4 Teile die Rolle in sechs gleich große Teile, schneide sie oben einmal ein und lege sie auf ein gefettetes Backblech. Mit etwas Milch bestreichen und 10 Minuten backen.

Versunkene U-Boote

ERGIBT 8 STÜCK

4 Hot-Dog-Brötchen

1 EL Butter

1 zerdrückte Knoblauchzehe

440 g Spaghetti in Tomaten-Käsesoße z. B. aus der Packung oder vom Vortag

80 g gewürfelter gekochter Schinken

100 g Gouda in Scheiben, in Streifen geschnitten

1 Heize den Backofen auf 180 °C vor und bestreiche ein Backblech mit Öl.

2 Scheide die Brötchen waagerecht durch und lege die Hälften auf das Backblech.

3 Erhitze die Butter in einem Topf. Dann den Knoblauch darin 2–3 Minuten anbraten. Etwas davon auf jede Brötchenhälfte geben. Gib jeweils etwas Spaghetti, Schinken und Käse darauf.

4 Lasse die Brötchen 12 Minuten im Backofen überbacken, bis der Käse zerläuft.

Pizza-Räder mit Schinken und Ananas

ERGIBT 16 STÜCK

250 g Weizenmehl

½ Packung Backpulver

40 g gewürfelte Butter

125 ml Milch

90 g Tomatenmark

2 kleine, fein gehackte Zwiebeln

4 fein gewürfelte Scheiben Ananas

200 g zerkleinerter gekochter Schinken

80 g geriebener Gouda-Käse

2 EL fein gehackte glatte Petersilie

1 Heize den Backofen auf 180 °C vor und bestreiche zwei Backbleche mit etwas Öl.

2 Siebe das Mehl und das Backpulver in eine Rührschüssel und arbeite mit den Händen die Butter ein. In die Mitte eine Vertiefung machen und die Milch hineingießen. Knete die Zutaten zusammen, bis der Teig geschmeidig ist. Forme eine Kugel daraus und lege sie auf eine leicht bemehlte Arbeitsfläche.

3 Nun halbiere den Teig. Rolle jede Hälfte auf einem Stück Backpapier (20 × 30 cm) aus, etwa 5 mm dick. Bestreiche sie mit dem Tomatenmark, lasse aber einen Rand von 1 cm frei.

4 Zwiebeln, Ananas, Schinken, Käse und Petersilie in einer Schüssel vermischen und die Mischung auf beide Teigplatten verteilen. 2 cm Rand freilassen. Die Teigplatten vom langen Ende her aufrollen.

5 Jede Rolle in acht gleich große Teile schneiden, auf die Backbleche legen und in 20 Minuten goldgelb backen.

Würstchen-Bonbons

ERGIBT 12 STÜCK

12 Cocktail-Wiener-Würstchen
3 aufgetaute TK-Blätterteig-Platten
1 leicht verquirltes Ei
Band zum Verschnüren (Baumwolle oder Jute)

1 Heize den Backofen auf 180 °C vor und belege zwei Backbleche mit Backpapier.

2 Steche die Würstchen mit einer Gabel ein und schneide jede Teigplatte in vier gleich große Teile. Jedes Teigstück bestreichst du mit Ei.

3 Auf jedes Teigstück legst du ein Würstchen, dann rollst du den Teig zu einer Wurst auf. Drücke die Enden fest zusammen.

4 Vorsichtig die Enden des Teiges zusammendrücken und mit Band zubinden.

5 Die Bonbons auf die Bleche legen, mit Eigelb bestreichen und im Backofen in 15 Minuten goldgelb backen. Erinnere deine Gäste daran, dass man die Bänder nicht mitisst.

Galaktische Mini-Pizzen

ERGIBT 40 STÜCK

250 g Weizenmehl
½ Packung Backpulver
100 g gewürfelte Butter
125 ml Buttermilch
2 EL Tomatenmark
1 Cabanossi, in dünnen Scheiben
1 kleine Zwiebel, in Ringe geteilt
1 Cherrytomaten, in dünnen Scheiben
6 Scheiben Gouda-Käse, in 3 cm runden Kreisen

1 Heize den Backofen auf 180 °C vor, streiche zwei Backbleche mit Öl ein und lege Backpapier darauf.

2 Nun kommen Mehl, Backpulver und Butter in eine Küchenmaschine. 30 Sekunden mixen, bis eine krümelige Masse entstanden ist. Die Buttermilch zugießen und noch einmal 30 Sekunden mixen.

3 Den Teig herausnehmen. Auf einer bemehlten Arbeitsfläche knetest du daraus einen geschmeidigen Teig. Jetzt rollst du den Teig 3 mm dick aus und stichst mit einem 5-cm-Ausstechförmchen Kreise aus dem Teig.

4 Lege die Kreise auf die Backbleche und verstreiche das Tomatenmark darauf. Verteile jeweils Cabanossi, Zwiebel und Tomate auf den Teigkreisen, dann lege ein Stück Käse darauf. Im Backofen in 10 Minuten knusprig backen.

Hähnchen-Mais-Happen

ERGIBT 50 STÜCK

185 g Weizenmehl
1 TL Backpulver
2 TL gekrönte Hühnerbrühe
½ TL grobes Salz
60 g gewürfelte Butter
50 g Maischips, zerkrümelt
2 verquirlte Eier
Grobes Salz zum Bestreuen

1 Heize den Backofen auf 180 °C vor und belege zwei Backbleche mit Backpapier.

2 Siebe Mehl, Backpulver, Brühe und Salz in eine große Schüssel und gib die Butter dazu. Arbeite mit den Händen die Butter unter die Trockenzutaten, bis der Teig bröselartig ist. Jetzt werden die Maischips untergerührt. In die Mitte eine Vertiefung machen und Eier hineingießen. Das Ganze knetest du zu einem geschmeidigen Teig.

3 Den Teig auf eine bemehlte Arbeitsfläche legen. Knete den Teig noch einmal gut durch und mache eine Kugel daraus. Diese rollst du 5 mm dick aus.

4 Mit einer Ausstechform stichst du jetzt Kekse aus. Lege sie auf die Backbleche und streue etwas vom Salz darauf. In 15 Minuten die Happen leicht bräunen lassen.

Pizza Margherita

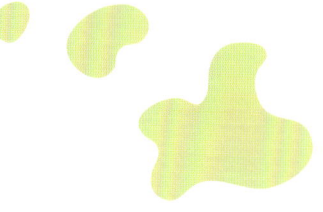

4 PORTIONEN

4 kleine Pizzaböden aus dem Kühlregal

Belag

1 EL Olivenöl

425 g zerdrückte Tomaten aus der Dose

1 Lorbeerblatt

1 TL gerebelter Thymian

6 gehackte Basilikumblätter

150 g Mozzarella-Käse, in dünnen Scheiben

Olivenöl zum Beträufeln

1 Heize den Backofen auf 210 °C vor.

2 Für den Belag erhitzt du das Olivenöl bei mittlerer Temperatur in einem Topf. Schütte Tomaten, Lorbeerblatt, Thymian und Basilikum hinein und lasse das Ganze unter Rühren ca. 20–25 Minuten köcheln. Abkühlen lassen und das Lorbeerblatt herausnehmen.

3 Zwei Backbleche leicht einfetten. Streue etwas Mehl auf die Bleche und lege die Pizzaböden darauf.

4 Streiche auf jeden Boden etwas von der Tomatensoße, lasse dabei einen 3 cm breiten Rand frei.

5 Jetzt legst du die Mozzarellascheiben darauf und träufelst noch etwas Olivenöl darüber. Die Pizzen 15 Minuten backen. Dann sollten sie knusprig sein und der Käse schön blubbern. Warm essen.

Muffins, Cupcakes und Kekse

Zitronenbaiser-Muffins

ERGIBT 12 STÜCK

330 g Weizenmehl

½ Packung Backpulver

185 g feiner Zucker + etwas zum Bestreuen

1 Prise Salz

1 Ei

1 Eigelb

170 ml Milch

½ TL Vanillezucker

90 g zerlassene und abgekühlte Butter

200 g fertige Zitronencreme oder -marmelade

3 Eiweiß

1 Heize den Backofen auf 200 °C vor. Fette ein Muffin-blech mit 12 Vertiefungen ein.

2 Siebe Mehl und Backpulver in eine Rührschüssel und rühre 60 g Zucker darunter. In die Mitte eine Vertiefung machen.

3 Gib Salz, Ei und Eigelb in eine andere Schüssel und verrühre das Ganze. Jetzt rührst du Milch, Vanillezucker und Butter darunter. Das gießt du in die Vertiefung. Rühre so lange, bis eine glatte Masse entstanden ist.

4 Verteile die Masse auf die zwölf Muffinformen. Im Backofen 15 Minuten backen und 10 Minuten in der Form abkühlen lassen.

5 Höhle mit einem Messer die Muffins zur Hälfte aus.

6 Gib jeweils einen Löffel Zitronencreme in die Aushöhlungen.

7 Schlage das Eiweiß so steif, bis sich Spitzen bilden. Rühre den restlichen Zucker unter das Eiweiß.

8 Stelle die Backofentemperatur auf 150 °C und verteile auf jedem Muffin einen Löffel Eiweiß. Streue feinen Zucker darüber. Weitere 5–7 Minuten backen, 10 Minuten in der Form abkühlen lassen, dann herausnehmen und auf einem Rost vollständig erkalten lassen.

Bananenmuffins mit Karamell

ERGIBT 12 STÜCK

250 g Weizenmehl
½ Packung Backpulver
125 g feiner Zucker
250 ml Milch
1 Ei
2 TL Vanillezucker
240 g zerdrückte Banane
75 g zerlassene und abgekühlte Butter
300 g Zucker

1 Heize den Backofen auf 200 °C vor. Fette ein Muffinblech mit zwölf Vertiefungen ein.

2 Siebe Mehl und Backpulver in eine Rührschüssel und rühre den feinen Zucker darunter. In die Mitte eine Vertiefung machen.

3 Gib Milch, Ei und Vanillezucker in eine andere Schüssel und verrühre das Ganze. Das gießt du dann in die Vertiefung. Rühre so lange, bis eine glatte Masse entstanden ist.

4 Rühre Bananen und Butter unter, bis ein geschmeidiger Teig entstanden ist.

5 Den Teig in die zwölf Muffinformen geben und in etwa 20–25 Minuten goldgelb backen.

6 Für den Karamell gibst du Zucker und 100 ml Wasser in einen kleinen Topf. Bei mittlerer Hitze rührst du so lange, bis der Zucker sich aufgelöst hat. Jetzt stellst du die Temperatur höher und kochst die Lösung 8 Minuten, bis ein goldgelber Sirup entstanden ist. Den Topf vom Herd nehmen und 4 EL Wasser (Vorsicht: Es spritzt!) in den Karamell rühren.

7 Die Muffins 5 Minuten in der Form abkühlen lassen, dann auf einen Rost stellen und mit Sirup beträufeln.

Frischkäsemuffins mit Beeren

ERGIBT 6 STÜCK

215 g Weizenmehl

½ Packung Backpulver

2 Eier, leicht verschlagen

3 EL Öl

2 EL Himbeerkonfitüre

60 g Beerenjoghurt

125 g sehr feiner Zucker

50 g fester Frischkäse

1 EL Himbeerkonfitüre zum Füllen

Puderzucker zum Bestäuben

1 Heize den Backofen auf 180 °C vor. Fette ein Muffinblech mit sechs Vertiefungen ein.

2 Siebe Mehl und Backpulver in eine große Rührschüssel und mache in die Mitte eine Vertiefung. Gib Eier, Öl, Konfitüre, Joghurt und Zucker in eine zweite Schüssel und verrühre die Zutaten gut. Dann kommt das Ganze in die Vertiefung. Verrühre alles gründlich, bis ein glatter Teig entsteht.

3 Drei Viertel des Teiges gibst du in die sechs Muffinformen. Dann schneidest du den Käse in sechs Stücke und legst jeweils ein Stück auf den Teig. Jetzt kommt etwas Konfitüre und der restliche Teig darauf.

4 Die Muffins in 30 Minuten goldgelb backen. Aus der Form nehmen und auf einem Rost abkühlen lassen. Bestäube sie vor dem Essen mit Puderzucker.

Hinweis: Diese Muffins schmecken am besten gleich nach dem Abkühlen.

Apfel-Zimt-Muffins

ERGIBT 12 STÜCK

300 g Weizenmehl
½ Packung Backpulver
140 g brauner Zucker
1 TL gemahlener Zimt
160 ml Milch
4 EL Rapsöl
2 Eier, leicht verschlagen
2 reife Äpfel, geschält, gerieben

1 Heize den Backofen auf 180 °C vor. Fette ein Muffinblech mit zwölf Vertiefungen ein.

2 Siebe Mehl, Backpulver, Zucker und Zimt in eine große Rührschüssel.

3 In einer zweiten Schüssel verrührst du Milch, Öl und Eier. Gieße diese Mischung zum Mehl und gib die Äpfel dazu. Vermenge die Zutaten zu einem geschmeidigen Teig und fülle die Muffinformen damit.

4 Die Muffins in 18–20 Minuten goldgelb backen. 5 Minuten ruhen lassen, dann herausnehmen und auf einem Rost abkühlen lassen.

Joghurtmuffins mit Mandeln und Beeren

ERGIBT 12 STÜCK

185 g Weizenmehl

3 TL Backpulver

185 g feiner Zucker

115 g gemahlene Mandeln

2 Eier

125 g zerlassene und abgekühlte Butter

250 g Naturjoghurt

300 g Blaubeeren oder Himbeeren

2 EL Mandelblätter

1 Heize den Backofen auf 180 °C vor. Fette ein Muffinblech mit zwölf Vertiefungen ein.

2 Siebe Mehl und Backpulver in eine große Rührschüssel und mische Zucker und gemahlene Mandeln darunter. In die Mitte eine Vertiefung machen.

3 In einer zweiten Schüssel verrührst du Eier, Butter und Joghurt. Gieße diese Mischung zum Mehl und vermenge die Zutaten zu einem geschmeidigen Teig.

4 Jetzt hebst du vorsichtig die Beeren unter den Teig. Fülle die Muffinformen mit Teig und streue Mandelblätter darauf.

5 Die Muffins in 20 Minuten goldgelb backen. 5 Minuten ruhen lassen, dann herausnehmen und auf einem Rost abkühlen lassen.

Schoko-Muffins

ERGIBT 12 STÜCK

310 g Weizenmehl
2 TL Backpulver
40 g ungesüßtes Kakaopulver
½ TL Backnatron
180 g feiner Zucker
375 ml Buttermilch
2 Eier
150 g zerlassene und abgekühlte Butter
60 g geriebene Schokolade

1   Heize den Backofen auf 200 °C vor. Fette ein Muffinblech mit zwölf Vertiefungen ein.

2   Siebe Mehl, Backpulver, Kakao und Natron in eine große Rührschüssel und mische den Zucker darunter. In die Mitte eine Vertiefung machen.

3   In einer zweiten Schüssel verrührst du Buttermilch und Eier und gießt die Mischung zum Mehl. Mit einem Löffel aus Metall rührst du vorsichtig die Butter darunter. Nicht zu lange rühren. Den Teig in die Muffinformen füllen. Sie dürfen nur zu drei Vierteln voll sein.

4   Die Muffins 20–25 Minuten backen, bis der Teig beginnt einzureißen. 2 Minuten abkühlen lassen, dann herausnehmen und auf einem Rost abkühlen lassen. Auf die noch warmen Muffins streust du die geriebene Schokolade.

Rhabarber-Vanille-Muffins

ERGIBT 12 STÜCK

310 g feiner Zucker
300 g fein gewürfelter Rhabarber
280 g Weizenmehl
½ Packung Backpulver
90 g Puddingpulver Vanille-Geschmack
1 Ei
30 g zerlassene und abgekühlte Butter
250 ml Magermilch

1   Heize den Backofen auf 200 °C vor. Fette ein Muffinblech mit zwölf Vertiefungen ein.

2   Schütte 185 g Zucker in einen Topf und gieße 250 ml Wasser hinzu. Rühre das Ganze bei mittlerer Temperatur gut durch, bis sich der Zucker aufgelöst hat. Gib den Rhabarber in den Topf und lasse ihn 2 Minuten bei schwacher Hitze köcheln bzw. so lange, bis er weich ist. Abgießen und abkühlen lassen.

3   Siebe Mehl, Backpulver und Puddingpulver in eine große Rührschüssel und mische 125 g Zucker darunter.

4   Verrühre das Ei mit der Butter und der Milch und gieße das zu den Trockenzutaten. Rühre so lange, bis ein glatter Teig entsteht. Vorsichtig den Rhabarber unterheben.

5   Den Teig in die Muffinformen füllen und mit etwas Zucker bestreuen. Die Muffins in 20 Minuten goldgelb backen. 5 Minuten ruhen lassen, dann auf einem Rost abkühlen lassen.

Müslimuffins mit Birne

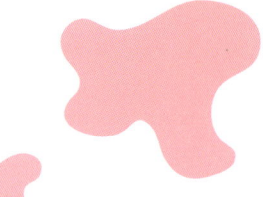

ERGIBT 12 STÜCK

225 g geröstetes Müsli

1 EL Weizenmehl

125 g feiner Zucker

90 g zerlassene Butter

100 g gehackte, getrocknete Birnen

125 ml Orangensaft

1 EL fein geriebene Orangenschale

250 g Weizenmehl

3 TL Backpulver

250 ml Buttermilch

3 EL Milch

90 g flüssiger Honig

1   Für den Belag schüttest du 75 g Müsli, 1 EL Mehl und die Hälfte des Zuckers in eine kleine Schüssel und rührst 2 EL der zerlassenen Butter darunter.

2   Heize den Backofen auf 200 °C vor. Fette ein Muffinblech mit zwölf Vertiefungen ein. Lege die Birnen in eine zweite Schüssel und gib Orangensaft und Orangenschale dazu. 10 Minuten ruhen lassen.

3   Siebe Mehl und Backpulver in die Schüssel mit den Birnen. Rühre das restliche Müsli darunter und den Zucker. In die Mitte eine Vertiefung machen.

4   Verrühre Buttermilch und Milch und gieße die Flüssigkeit in die Schüssel mit den Birnen. Jetzt mischt du den Honig und die restliche Butter und gibst dies ebenfalls in die Schüssel mit den Birnen. Die Zutaten zu einem Teig verrühren. Den Teig in die Muffinformen füllen und etwas vom Belag daraufgeben.

5   Die Muffins 20–25 Minuten backen. Kurz abkühlen lassen, dann herausnehmen und auf einem Rost abkühlen lassen.

Kleine Apfel-Orangen-Kekse

ERGIBT 24 STÜCK

90 g Butter

125 g brauner Zucker

1 EL flüssiger Honig

1 Ei

270 feines Apfelmus

125 g Vollkornweizenmehl

60 g Weizenmehl

3 TL Backpulver

1 TL gemahlener Zimt

1 Prise gemahlenes Nelkenpulver

Orangenglasur

125 g Puderzucker

10 g Butter

1 TL geriebene Orangenschale

2 EL Orangensaft

1   Heize den Backofen auf 180 °C vor und fette 24 Muffinformen ein. Verrühre Butter, Zucker und Honig in einer Rührschüssel zu einer schaumigen Masse, dann mische Ei und Apfelmus darunter. So lange rühren, bis die Zutaten sich verbunden haben.

2   Siebe Mehl, Backpulver, Zimt und Nelken dazu und verrühre die Zutaten zu einem geschmeidigen Teig. Fülle die Muffinformen. Die Muffins 20 Minuten backen und abkühlen lassen.

3   Für die Glasur verrührst du alle Zutaten in einer hitzebeständigen Schüssel. Stelle diese Schüssel auf einen Topf mit siedendem Wasser (die Schüssel darf das Wasser nicht berühren) und rühre so lange, bis die Glasur klümpchenfrei ist. Etwas abkühlen lassen, dann die Kekse damit bestreichen.

Kleine Kuchen aus Milchschokolade

ERGIBT 6 STÜCK

75 g Butter

75 g gehackte Milchschokolade

80 g brauner Zucker

2 verquirlte Eier

60 g gesiebtes Weizenmehl

1 TL Backpulver

Silberkügelchen zum Verzieren

Ganache

80 g gehackte Milchschokolade

2 EL Sahne

1 Heize den Backofen auf 160 °C vor. In eine Cupcake-Form legst du sechs Papierförmchen.

2 Gib Butter und Schokolade in eine hitzebeständige Schüssel und stelle diese auf einen Topf mit siedendem Wasser. Passe dabei auf, dass der Boden der Schüssel nicht mit dem Wasser in Berührung kommt. Rühre so lange, bis die Schokolade geschmolzen ist. Dann nimm den Topf vom Herd und verrühre die Schokolade mit Zucker und Eiern. Zum Schluss rührst du Mehl und Backpulver darunter.

3 Gieße die Teigmischung in einen Rührbecher und fülle die Förmchen damit.

4 Die Kekse im Backofen 20–25 Minuten backen, 10 Minuten in der Form ruhen lassen, dann auf einen Rost stellen und vollständig erkalten lassen.

5 Für die Ganache gibst du Schokolade und Sahne in eine hitzebeständige Schüssel. Stelle diese auf einen Topf mit siedendem Wasser. Passe dabei auf, dass der Boden der Schüssel nicht mit dem Wasser in Berührung kommt. Rühre so lange, bis die Schokolade geschmolzen ist. 5–8 Minuten abkühlen lassen.

6 Jeweils 1 gehäuften TL von der Ganache auf jedem Keks verstreichen. Mit Silberkugeln verzieren.

Kleine Kuchen aus weißer Schokolade

ERGIBT 12 STÜCK

125 g weiche Butter

185 g feiner Zucker

2 verquirlte Eier

1 TL Vanillezucker

250 g gesiebtes Weizenmehl, vermischt mit

½ Packung Backpulver

125 ml Buttermilch

250 g gehobelte weiße Schokolade

Gehobelte weiße Schokolade zum Garnieren

Weiße Glasur

100 g weiße Schokolade

3 EL Sahne

200 g weicher Frischkäse

40 g Puderzucker

1 Heize den Backofen auf 170 °C vor und fette zwölf Muffinformen ein.

2 Gib Butter und Zucker in eine Schüssel und verrühre beides mit dem elektrischen Handrührgerät mit Rührbesen, bis eine blass-schaumige Masse entsteht. Rühre die Eier nach und nach unter. Zum Schluss gibst du den Vanillezucker zu.

3 Arbeite jetzt abwechselnd Mehl mit Backpulver und Butter-milch unter den Teig. Danach hebst du die gehobelte Schoko-lade darunter.

4 Fülle die Muffinformen zu drei Vierteln mit dem Teig und backe sie in 20 Minuten goldgelb. 5 Minuten ruhen lassen, dann aus der Form nehmen und auf einem Rost abkühlen lassen.

5 Für die Glasur kommen Schokolade und Sahne in einen kleinen Topf. Rühre so lange bei schwacher Hitze, bis die Schokolade geschmolzen ist. Etwas abkühlen lassen. Jetzt rührst du Frisch-käse und Puderzucker unter, bis eine glatte Creme entsteht.

6 Die Creme auf den Kuchen verteilen und mit gehobelter Schoko-lade bestreuen.

Mürbeteiggebäck mit Erdbeeren und Blaubeeren

ERGIBT 4 STÜCK

Mürbeteig
90 g Butter
60 g Zucker
1 Ei
140 g Weizenmehl
2 TL Backpulver
1 Prise Salz
4 EL Milch

Geschlagene Sahne zum Servieren
250 g geviertelte Erdbeeren
140 g Blaubeeren
Puderzucker zum Bestäuben

1 Heize den Backofen auf 180 °C vor. Verrühre Butter und Zucker zu einer schaumigen Masse. Schlage das Ei auf und rühre es unter die Butter-Zucker-Masse.

2 Siebe Mehl, Backpulver und Salz hinzu, dann gieße die Milch hinein. Die Zutaten gut zu einem geschmeidigen Teig verrühren.

3 Rolle den Teig 2 cm dick auf einer bemehlten Arbeitsfläche aus und steche Kreise aus (ca. 7,5 cm im Durchmesser). Lege die Teigkreise auf ein gefettetes Backblech und backe das Mürbteiggebäck in 20 Minuten goldgelb.

4 Lass das Gebäck etwas abkühlen. Dann schneide es waagerecht durch, streiche etwas Sahne auf die untere Hälfte, verteile Erdbeeren und Blaubeeren darauf und gib noch mal Schlagsahne darauf. Setze die obere Gebäckhälfte darauf und bestäube sie mit Puderzucker.

Erdbeermuffins

ERGIBT 18 STÜCK

375 g Weizenmehl
110 g Zucker
1 Päckchen Backpulver
95 g brauner Zucker
125 g zerlassene Butter
3 Eier
250 ml Milch
225 g gewürfelte Erdbeeren

1 Heize den Backofen auf 200 °C vor und fette 18 Muffinformen.

2 Siebe Mehl, Zucker und Backpulver in eine Rührschüssel und mische den braunen Zucker darunter.

3 In einer anderen Schüssel verrührst du Butter, Eier und Milch. Gieße das zu den Trockenzutaten und verarbeite das Ganze zu einem geschmeidigen Teig.

4 Hebe nun vorsichtig die Erdbeeren unter. Fülle die Muffinformen zu drei Vierteln mit dem Teig.

5 Die Muffins 20 Minuten backen, bis sie eine goldgelbe Farbe haben. Heiß mit Butter servieren.

Luftige Kokos-Cupcakes

ERGIBT 36 STÜCK

250 g gesiebtes Weizenmehl

2 TL Backpulver

45 g Kokosraspel

230 g feiner Zucker

250 ml Buttermilch

2 verquirlte Eier

1 TL natürliches Kokosaroma

125 g zerlassene Butter

Rosa Zuckerkristalle zum Bestreuen

Kokos-Guss

280 g Puderzucker

135 g Kokosraspel

75 g weiche Butter

½ TL natürlicher Kokosaroma

2 EL heißes Wasser

1 Heize den Backofen auf 180 °C vor und lege 36 Muffinformen mit Papierformen aus.

2 Verrühre Mehl, Backpulver, Kokosraspel und Zucker in einer Rührschüssel und mache in die Mitte eine Vertiefung.

3 In einer anderen Schüssel verrührst du Buttermilch, Eier, Kokosaroma und Butter. Gieße das in die Vertiefung des Mehls und verarbeite alle Zutaten zu einem glatten Teig.

4 Teile den Teig auf die Papierformen auf und backe die Cupcakes 12 Minuten. Sie sind gar, wenn eine hineingesteckte Stricknadel sauber wieder herauskommt. Cupcakes auf einem Rost abkühlen lassen.

5 Für den Guss mischst du Puderzucker und Kokosraspel in einer Schüssel. Gib Butter, Kokosaroma und genug heißes Wasser hinzu, um einen dicken Guss anzurühren. Bestreiche jeden Cupcake damit.

6 Zum Schluss streust du den rosa Zucker darüber.

Götterspeise-Cupcakes

ERGIBT 30 STÜCK

250 g Weizenmehl
2 TL Backpulver
165 g Zucker
125 g weiche Butter
3 Eier
3 EL Milch
1 Packung Vanillezucker

Guss

125 g Puderzucker
Rote und grüne Lebensmittelfarbe

Götterspeise

Je 1 Packung grüne und Götterspeise

180 g Kokosraspel zum Wälzen

1 Heize den Backofen auf 180 °C vor und lege 18 Muffinformen mit Papierformen aus.

2 Siebe Mehl, Backpulver und Zucker in eine Rührschüssel. Gib Butter, Eier, Milch und Vanillezucker hinzu und verrühre die Zutaten zu einem glatten Teig. Fülle die Papierförmchen zu je drei Vierteln mit dem Teig.

3 Die Cupcakes in 15 Minuten goldgelb backen, aus dem Bleck nehmen und zum Abkühlen auf einen Rost stellen.

4 Für den Guss verrührst du den Puderzucker mit 1–2 EL Wasser. Er sollte dick sein. Teile den Guss auf zwei Schüsseln auf, in die eine rührst du rote, in die andere grüne Lebensmittelfarbe.

5 Für die Götterspeise kochst du nach Packungsanleitung rote und grüne Götterspeise. Abkühlen, aber nicht fest werden lassen.

6 Bestreiche jeden Cupcake mit dem Puderzuckerguss und lass diesen etwas abkühlen. Dann tauche die Cupcakes in die rote oder grüne Götterspeise, zum Schluss wälze die Cakes in den Kokosraspel. Stelle die Kuchen über Nacht in den Kühlschrank und esse sie kalt.

Feen-Kuchen

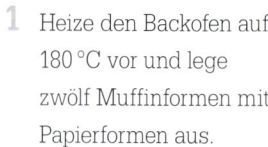

ERGIBT 12 STÜCK

120 g weiche Butter
145 g feiner Zucker
185 g Weizenmehl
1 TL Backpulver
125 ml Milch
1 Packung Vanillezucker
2 Eier
125 g Schlagsahne
100 g Erdbeerkonfitüre
Puderzucker zum Bestäuben

1 Heize den Backofen auf 180 °C vor und lege zwölf Muffinformen mit Papierformen aus.

2 Gib Butter, Zucker, Mehl, Backpulver, Milch, Vanillezucker und Eier in eine Schüssel und verrühre die Zutaten mit einem elektrischen Handrührgerät mit Rührbesen, bis ein geschmeidiger Teig entstanden ist.

3 Die Papierförmchen mit Teig füllen. Dann die Kuchen 20 Minuten backen, bis sie eine goldgelbe Farbe haben. Die Förmchen auf einem Rost abkühlen lassen.

4 Schlage die Sahne mit dem elektrischen Handrührgerät mit Rührbesen steif, bis sich Spitzen bilden.

5 Schneide mit einem Messer flache Kreise oben aus den Kuchen und halbiere die Teigkreise. Fülle jedes Loch mit 2 TL Schlagsahne und 1 TL Konfitüre in der Mitte.

6 Die beiden Kreishälften so anlegen, dass sie wie Schmetterlingsflügel aussehen. Mit Puderzucker bestäuben.

Cupcakes mit Schokochips

ERGIBT ETWA 18 STÜCK

250 g Weizenmehl
2 TL Backpulver
165 g feiner Zucker
125 g weiche Butter
3 Eier
3 EL Milch
1 Packung Vanillezucker

Guss
90 g Puderzucker
1 TL ungesüßtes Kakaopulver
20 g weiche Butter
Schokochips zum Garnieren

1 Heize den Backofen auf 180 °C vor und lege 18 Muffinformen mit Papierformen aus.

2 Siebe Mehl, Backpulver und Zucker in eine Rührschüssel. Gib Butter, Eier, Milch und Vanillezucker hinzu und verrühre die Zutaten zu einem geschmeidigen Teig. Die Papierförmchen zu drei Vierteln mit dem Teig füllen.

3 Backe die Cupcakes 15 Minuten bzw. so lange, bis sie goldgelb sind. Lass sie auf einem Rost abkühlen.

4 Für den Guss verrührst du Puderzucker, Kakao und Butter mit etwas heißem Wasser. Der Guss darf keine Klümpchen haben. Bestreiche die Cupcakes damit und lege auf jeden ein Schokostück.

Haferflockenkekse

ERGIBT ETWA 25 STÜCK

200 g Haferflocken
125 g Weizenmehl
180 g Kokosraspel
350 g feiner Zucker
250 g Butter
4 EL Zuckerrübensirup oder Honig
1 TL Backnatron

1 Heize den Backofen auf 160 °C vor und fette zwei Backbleche ein. Gib Haferflocken, Mehl, Kokosraspel und Zucker in eine große Rührschüssel.

2 Zerlasse die Butter zusammen mit dem Sirup oder dem Honig in einem Topf. Rühre gut um und ziehe den Topf danach vom Herd.

3 Verrühre das Backnatron mit 2 EL kochendem Wasser in einer Tasse und gieße die Mischung zur Butter in den Topf. Dann gieße die Mischung zu den anderen Zutaten und vermenge sie gut.

4 Rolle jeweils 1 EL davon zu einer Kugel. Lege diese auf die Bleche und achte darauf, dass dazwischen ein Abstand von 5 cm bleibt. Die Kekse mit der Gabel leicht flach drücken. In 20 Minuten goldgelb backen.

Zarte Versuchung

ERGIBT ETWA 45 STÜCK

40 g Speisestärke
125 g Weizenmehl
1 TL Backpulver
180 g Butter
40 g Puderzucker
1 Packung Vanillezucker
100 g glasierte, halbierte Kirschen

1 Heize den Backofen auf 180 °C vor und belege zwei Backbleche mit Backpapier.

2 Siebe Speisestärke, Mehl und Backpulver in eine Schüssel und mische die Zutaten.

3 Gib Butter, Puderzucker und Vanillezucker dazu und verbinde die Zutaten mit dem elektrischen Handrührgerät mit Rührbesen zu einem glatten Teig.

4 Mit einem Backspatel arbeitest du die gesiebte Mehlmischung in die Butter, bis ein geschmeidiger Teig entsteht.

5 Gib jeweils 1 TL Teig auf das Backblech, achte dabei darauf, dass die Kekse nicht zu nah aneinander liegen.

6 Lege auf jeden Keks eine halbe Kirsche und backe die Kekse in ca. 15 Minuten goldgelb.

7 Auf einem Rost abkühlen lassen.

Teddybär-Kekse

ERGIBT 12 STÜCK

1 Fertigbackmischung für Butterplätzchen (340 g)

100 g dunkle Schokoladenspäne

310 g Schoko-Nuss-Aufstrich

250 g Teddykekse mit Honiggeschmack

2 EL bunte Streusel

1 Heize den Backofen auf 180 °C vor und fette ein Muffinblech mit zwölf Formen ein.

2 Bereite die Butterplätzchen nach Packungsanleitung zu und rühre die Schokospäne unter.

3 Verteile den Teig in die Muffinformen und backe sie anschließend in 15 Minuten goldbraun. 5 Minuten in der Form ruhen lassen, dann herausnehmen und auf einem Rost abkühlen lassen.

4 Bestreiche jeden Kuchen mit dem Schoko-Nuss-Aufstrich und lege rundherum Teddykekse darauf. Zum Schluss kommen die bunten Streusel darüber.

Mini-Marmorkuchen

FÜR 6 PORTIONEN

1 TL natürliches Vanillearoma

185 g gewürfelte Butter

230 g feiner Zucker

3 Eier

280 g Weizenmehl

2 TL Backpulver

185 ml Milch

2 EL ungesüßtes Kakaopulver

1 ½ EL warme Milch

1 Heize den Backofen auf 200 °C vor und fette 8 kleine Brotlaibförmchen ein. Lege zusätzlich Backpapier hinein.

2 Mische Vanillearoma, Butter und Zucker in einer Schüssel und rühre mit dem elektrischen Handrührgerät mit Rührbesen eine schaumige Masse daraus. Rühre ein Ei nach dem anderen unter. Siebe Mehl und Backpulver in eine andere Schüssel und arbeite es abwechselnd mit der Milch unter den Teig. Halbiere den Teig und lege die zweite Hälfte in eine saubere Schüssel.

3 Verrühre den Kakao mit der warmen Milch und rühre die Mischung unter die eine Teighälfte. Dann gib abwechselnd hellen und dunklen Teig in die Formen. Zum Schluss ziehst du mit einer Gabel durch den Teig, damit ein Marmormuster entsteht.

4 Die Kuchen 50–60 Minuten backen, 5 Minuten in der Form ruhen lassen, dann herausnehmen und auf einem Rost abkühlen lassen.

Zarter Schmelz mit Passionsfrucht

ERGIBT 14 STÜCK

250 g weiche Butter

40 g Puderzucker

1 Packung Vanillezucker

185 g Weizenmehl

2 TL Backpulver

60 g Puddingpulver Vanillegeschmack

Passionsfruchtfüllung

60 g Butter

60 g Puderzucker

1 ½ EL Passionsfruchtmus ohne Kerne

1 Heize den Backofen auf 180 °C vor und belege zwei Backbleche mit Backpapier.

2 Butter und Puderzucker in eine Rührschüssel geben. Verrühre beides mit dem elektrischen Handrührgerät mit Rührbesen zu einer schaumigen Masse. Rühre den Vanillezucker unter. Siebe Mehl, Backpulver und Puddingpulver dazu und verarbeite die Zutaten zu einem geschmeidigen Teig.

3 Jeweils 1 EL Teig abnehmen und eine Kugel daraus formen. Rolle aus dem Teig 28 kleine Kugeln und lege sie aufs Blech.

4 Drücke jede Teigkugel mit einer Gabel flach. Die Kekse 20 Minuten backen bzw. so lange, bis sie eine goldgelbe Farbe haben. Die Kekse auf dem Rost abkühlen lassen.

5 Für die Füllung verrührst du Butter und Puderzucker mit dem elektrischen Handrührgerät mit Rührbesen zu einer schaumigen Masse. Dann mischt du das Passionsfruchtmus darunter.

6 Fülle die Kekse wie ein Sandwich. Vor dem Essen muss die Creme fest werden.

Kokostaler

ERGIBT ETWA 45 STÜCK

125 g Butter
230 g feiner Zucker
1 Ei
1 Packung Vanillezucker
1 EL weißer Essig
65 g Kokosraspel
185 g Weizenmehl
2 TL Backpulver
90 g Kokosraspel zum Wälzen

1 Heize den Backofen auf 180 °C vor und fette ein Backblech ein.

2 Verrühre Butter, Zucker, Ei und Vanillezucker zu einer glatten Masse und rühre den Essig unter. Füge Kokosraspel hinzu und hebe sie unter den Teig. Mehl und Backpulver dazusieben und gut unterarbeiten.

3 Teelöffelweise nimmst du Teig ab und rollst daraus kleine Kugeln. Wälze diese in den Kokosraspel.

4 Lege die Teigkugeln auf das Backblech. Achte darauf, dass zwischen jedem Keks 5 cm Abstand sind. In 15 Minuten goldgelb backen und auf einem Rost abkühlen lassen.

Hafer-Knuspies

ERGIBT 28 STÜCK

125 g Weizenmehl
140 g Zucker
100 g Haferflocken
90 g Kokosraspel
125 g Butter
3 EL Zuckerrübensirup oder Honig
½ TL Backnatron

1 Heize den Backofen auf 180 °C vor, fette zwei Backbleche (28 × 32 cm) ein und belege sie mit Backpapier.

2 Siebe Mehl und Zucker in eine große Schüssel. Gib Haferflocken und Kokosraspel hinzu, mische alles und mache in die Mitte eine Vertiefung.

3 Gib Butter und Sirup oder Honig in einen kleinen Topf und rühre das Ganze so lange bei schwacher Temperatur, bis eine glatte Masse entsteht. Löse das Backnatron mit 1 EL kochendem Wasser in einer Tasse auf und rühre es dann in die Butter-Sirup-Masse. Diese wird dabei ganz kurz aufschäumen. Gib den Topfinhalt zu den Trockenzutaten und verrühre alles zu einem geschmeidigen Teig.

4 Nimm jeweils 1 EL Teig ab und rolle daraus Kugeln, die du aufs Backblech legst. Achte darauf, dass zwischen den Keksen genügend Abstand bleibt. Drücke die Kekse mit den Fingern etwas flach.

5 In 20 Minuten goldgelb backen und auf einem Rost abkühlen lassen.

Shortbreads

ERGIBT 16 STÜCK

250 g Weizenmehl
2 EL Reismehl
2 TL Backpulver
115 g feiner Zucker
250 gewürfelte Butter

1 Heize den Backofen auf 160 °C vor und fette zwei Backbleche ein.

2 Siebe beide Mehlsorten und das Backpulver in eine große Schüssel und mische den Zucker darunter. Arbeite die Butterwürfel mit den Händen ein. Dann nimm den Teig raus und knete ihn auf einer bemehlten Arbeitsfläche noch einmal gut durch.

3 Rolle den Teig ca. 1 cm dick aus. Schneide kleine Quadrate aus dem Teig oder nimm andere Ausstechformen.

4 Lege die Kekse auf die Backbleche und backe sie in 25–30 Minuten schwach goldgelb. 5 Minuten ruhen lassen, dann auf einem Rost abkühlen lassen.

Zitronensterne

ERGIBT ETWA 22 STÜCK

125 g weiche, gewürfelte Butter
125 g feiner Zucker
2 Eigelb
2 TL fein geriebene Zitronenschale
155 g Weizenmehl
110 g grobes Maismehl
2 TL Backpulver
Puderzucker zum Bestäuben

1 Heize den Backofen auf 180 °C vor und lege ein Backblech mit Backpapier aus.

2 Gib Butter und Zucker in eine Rührschüssel und rühre daraus mit dem elektrischen Handrührgerät mit Rührbesen eine schaumige Masse. Rühre dann Eigelb, Zitronenschale, beide Mehlsorten und Backpulver unter. Der Teig sollte geschmeidig sein.

3 Rolle den Teig auf einer leicht bemehlten Arbeitsfläche 1 cm dick aus und verwende eine Stern-Ausstechform, um Kekse auszustechen. Lege diese aufs Backblech.

4 Die Kekse in 15–20 Minuten schwach goldgelb backen, abkühlen lassen und mit Puderzucker bestäuben.

Aprikosen-Kekse

ERGIBT ETWA 50 STÜCK

160 g gewürfelte Butter

185 g sehr feiner Zucker

2 EL Konfitüre

1 Packung Vanillezucker

200 g gehackte, getrocknete Aprikosen

165 g Weizenmehl

2 TL Backpulver

Zitronenguss

250 g gesiebter Puderzucker

2 TL Zitronensaft

3 TL heißes Wasser

1 Belege zwei Backbleche mit Backpapier. Verrühre Butter und Zucker zu einer schaumigen Masse. Gib Konfitüre, Vanillezucker und Aprikosen zu und verrühre die Zutaten miteinander.

2 Dann siebe Mehl und Backpulver hinzu und menge beide unter die anderen Zutaten. Nimm den Teig aus der Schüssel und knete ihn noch einmal gut durch. Dann halbiere ihn.

3 Lege jeweils eine Teighälfte auf ein Stück Backpapier und rolle 25 cm lange Baumstämme daraus. Wickle sie ins Backpapier und lege sie 15 Minuten in den Kühlschrank.

4 Heize den Backofen auf 180 °C vor. Schneide den Baumstamm in Scheiben und lege diese auf die Backbleche. In 10 Minuten goldgelb backen. Auf einem Rost abkühlen lassen.

5 Für den Guss verrührst du Puderzucker, Zitronensaft und 3 TL heißes Wasser. Gib den Guss in einen Spritzbeutel und verziere die Kekse mit Streifen.

Tierkekse

ERGIBT ETWA 30 STÜCK

125 g weiche Butter

70 g brauner Zucker

125 g Weizenmehl

45 g Reismehl

2 TL Backpulver

¼ TL Lebkuchengewürz

1 Prise Salz

1 Heize den Backofen auf 160 °C vor und lege auf zwei Backbleche Backpapier.

2 Mit einem elektrischen Handrührgerät mit Rührbesen rührst du Butter und Zucker schaumig. Siebe beide Mehlsorten, Backpulver, Lebkuchengewürz und Salz dazu und knete alle Zutaten zu einem geschmeidigen Teig. Wickle diesen in Frischhaltefolie und lege ihn 20 Minuten in den Kühlschrank.

3 Viertle die Teigmenge. Dann knete die Teigviertel noch einmal gut durch und rolle diese jeweils 5 mm dick auf bemehlter Arbeitsfläche aus.

4 Steche Tiere nach Wahl aus. Sammle die Teigreste ein, knete sie noch einmal durch und rolle den Teig wieder aus. Wieder Tiere ausstechen, bis der Teig aufgebraucht ist. Die Tiere auf die Backbleche legen.

5 Im Backofen in 10–15 Minuten goldgelb backen. 2 Minuten abkühlen lassen, dann auf einem Rost vollständig erkalten lassen. In einem luftdichten Behälter aufbewahren.

Hinweis: Wenn du keine Ausstechförmchen hast, kannst du aus dem Teig auch Kreise ausschneiden.

Kekse mit Passionsfruchtguss und Kokosbelag

ERGIBT ETWA 50 STÜCK

125 g gewürfelte Butter
125 g feiner Zucker
1 Ei
½ Packung Vanillezucker
250 g Weizenmehl
2 TL Backpulver

Passionsfruchtguss

155 g gesiebter Puderzucker
1 EL Passionsfruchtmus ohne Kerne

Kokosbelag

155 g Puderzucker
1 EL weiche Butter
45 g Kokosraspel
½ TL Vanillezucker
Einige Tropfen rote Lebensmittelfarbe

1 Heize den Backofen auf 160 °C vor und belege ein Backblech mit Backpapier.

2 Für die Kekse verrührst du Butter und Zucker zu einer schaumigen Masse. Dann rührst du das Ei und den Vanillezucker unter. Siebe das Mehl und das Backpulver dazu und verrühre alles zu einem geschmeidigen Teig.

3 Nimm den Teig aus der Schüssel und lege ihn auf ein Stück Backpapier. Lege ein zweites Stück Backpapier auf den Teig und rolle ihn dann 5 mm dick aus.

4 Verwende Ausstechförmchen, die du magst, und steche Kekse aus. Lege sie aufs Backblech. Backe die Kekse in 10–15 Minuten goldgelb.

5 Nach dem Abkühlen kannst du die Kekse mit Guss und Kokosbelag verzieren.

6 Für den Guss verrührst du Puderzucker und Passionsfruchtbrei in einer Schüssel. Stelle die hitzebeständige Schüssel auf einen Topf mit siedendem Wasser (der Boden der Schüssel darf das Wasser nicht berühren) und rühre so lange, bis der Guss glatt ist und glänzt.

7 Für den Kokosbelag mischt du gesiebten Puderzucker, Butter, Kokosraspel, Vanillezucker und Lebensmittelfarbe. Rühre 6–8 EL kochendes Wasser darunter, bis der Belag schön dick ist.

Hinweis: Mit diesem Guss oder Belag kannst du auch andere Kekse bestreichen oder zwei Kekse damit zusammenkleben.

Snackriegel

ERGIBT 16–20 STÜCK

60 g Puffreis
150 g Vollkorn-Haferflocken
30 g Sonnenblumenkerne
40 g Sesamsamen
200 g gemischte getrocknete Früchte
40 g Mehl
1 TL Backpulver
225 g flüssiger Honig
45 g brauner Zucker
2 EL Wasser

1 Heize den Backofen auf 180 °C vor. Lege eine rechteckige Backform (29 × 19 cm) mit Backpapier aus.

2 Mische Puffreis, Haferflocken, Sonnenblumenkerne, Sesamsamen, getrocknete Früchte, Mehl und Backpulver in einer Schüssel.

3 Gib Honig, Zucker und 2 EL Wasser in einen kleinen Topf und erhitze das Ganze bei mittlerer Hitze 2 Minuten. Dann rühre den Sirup unter die Trockenzutaten.

4 Verstreiche die Mischung in der Backform. Mit einem Löffel streichst du die Oberfläche glatt. In etwa 20 Minuten goldbraun backen. In der Form abkühlen lassen, dann herausnehmen und in Riegel schneiden.

Schoko-Cookies

ERGIBT ETWA 22 STÜCK

185 g Weizenmehl

2 TL Backpulver

125 g ungesüßter Kakao

280 g brauner Zucker

180 g Butter

150 g gehackte dunkle Schokolade

3 verquirlte Eier

170 g gehobelte dunkle Schokolade

50 g gehobelte weiße Schokolade

150 g gehackte Nüsse (z. B. Macadamianüsse,
    Pecannüsse, Walnüsse, Pistazien, Paranüsse)

1 Heize den Backofen auf 180 °C vor und belege zwei Backbleche mit Backpapier.

2 Siebe Mehl, Backpulver und Kakao in eine
   Schüssel und rühre den Zucker darunter. In
   die Mitte eine Vertiefung machen.

3 Gib Butter und Schokolade in einen Topf
   und lasse beides bei schwacher Temperatur
   schmelzen. Rühre so lange, bis eine glatte
   Masse entstanden ist.

4 Gib die Buttermischung und die Eier zu
   den Trockenzutaten und verbinde die Zutaten zu einem geschmeidigen Teig. Zum
   Schluss hebst du die gehobelte Schokolade
   und die Nüsse unter den Teig.

5 Gib jeweils 1 EL vom Teig auf die Backbleche und flache sie mit den Fingerspitzen
   etwas ab.

6 15 Minuten backen, 5 Minuten ruhen lassen, dann auf einen Rost legen und vollständig erkalten lassen.

Nuss-Kekse

ERGIBT ETWA 60 STÜCK

125 g weiche, gewürfelte Butter
370 g brauner Zucker
1 Packung Vanillezucker
2 Eier
60 g geschmolzene, dunkle Schokolade
4 EL Milch
340 g Weizenmehl
2 EL ungesüßter Kakao
2 TL Backpulver
½ TL gemahlener Piment
1 Prise Salz
85 g gehackte Pecannüsse
Puderzucker zum Wälzen

1 Fette zwei Backbleche ein. Verrühre Butter, Zucker und Vanillezucker zu einer schaumigen Masse. Rühre nach und nach die Eier unter, dann die Schokolade und die Milch.

2 Siebe jetzt Mehl, Kakao, Backpulver, Piment und Salz dazu und verarbeite die Zutaten zu einem glatten Teig. Zum Schluss hebst du die Nüsse unter den Teig. Stelle den Teig 3 Stunden kalt, am besten sogar über Nacht.

3 Heize den Backofen auf 180 °C vor. Nimm esslöffelweise Teig ab und rolle daraus kleine Kugeln. Wälze die Kugeln in Puderzucker.

4 Lege die Kugeln auf die Backbleche. In 20–25 Minuten die Cookies leicht bräunen. 3–4 Minuten ruhen lassen, dann auf einem Rost vollständig abkühlen lassen.

Honigbissen

ERGIBT 24 STÜCK

125 g weiche Butter

55 g feiner Zucker

45 g brauner Zucker

115 g Honig

1 Eigelb

1 Packung Vanillezucker

250 g Weizenmehl

½ TL Backnatron

125 g Puderzucker

1–2 EL Zitronensaft

1 Heize den Backofen auf 180 °C vor und lege zwei Backbleche mit Backpapier aus.

2 Verrühre Butter und beide Zucker mit dem elektrischen Handrührgerät mit Rührbesen, bis eine schaumige Masse entsteht. Dann füge Honig, Eigelb und Vanillezucker hinzu. Siebe Mehl und Backnatron dazu und verarbeite alle Zutaten zu einem geschmeidigen Teig.

3 Nimm esslöffelweise Teig ab und forme daraus Kugeln. Lege diese auf die Backbleche und flache sie mit der Hand ab, sodass Taler entstehen.

4 In 10 Minuten goldgelb backen, einige Minuten abkühlen lassen, dann auf einen Rost legen und vollständig erkalten lassen.

5 Für den Guss Puderzucker und Zitronensaft zu einem dicklichen Guss verrühren. Bestreiche damit die abgekühlten Honigbissen.

Sternenträume

ERGIBT 30 STÜCK

185 g weiche Butter

40 g Puderzucker

1 Packung Vanillezucker

125 g Weizenmehl

2 TL Backpulver

40 g Puddingpulver Vanillegeschmack

Kleine, bunte Perlen zum Garnieren

1 Heize den Backofen auf 180 °C vor und lege zwei Backbleche mit Backpapier aus.

2 Verrühre Butter, Puderzucker und Vanillezucker mit dem elektrischen Handrührgerät mit Rührbesen, bis eine schaumige Masse entsteht. Siebe Mehl, Backpulver und Puddingpulver dazu und verrühre die Zutaten mit einem Holzlöffel, bis ein weicher Teig entsteht. Rühre den Teig nicht zu lange.

3 Fülle den Teig in einen Spritzbeutel mit Sterntülle und spritze den Teig in Form von Sternen auf die Backbleche. Sie sollten ca. 4 cm groß sein.

4 Dekoriere die Sterne mit bunten Perlen und stelle sie 20 Minuten kalt.

5 In 12–15 Minuten goldgelb backen. Auf dem Blech etwas abkühlen lassen, dann zum vollständigen Erkalten auf einen Rost legen.

Süße Raupen & Schnecken

ERGIBT 25 STÜCK

4 Eiweiß

230 g feiner Zucker

Grüne und rote Lebensmittelfarbe

Lakritze und gemischte Süßigkeiten zum Verzieren

1 Heize den Backofen auf 120 °C vor. Fette zwei Backbleche ein und lege zusätzlich Backpapier darauf.

2 Schlage das Eiweiß mit einem elektrischen Handrührgerät mit Rührbesen so steif, dass sich Spitzen bilden.

3 Rühre nach und nach den Zucker darunter, bis eine dick-glänzende Masse entsteht und der Zucker sich vollständig aufgelöst hat.

4 Die Baisermasse halbieren. Unter die eine Hälfte rührst du einige Tropfen grüne, unter die andere einige Tropfen rote Lebensmittelfarbe.

5 Fülle die beiden Baisermassen in unterschiedliche Spritzbeutel und verwende runde Tüllen (ca. 1 cm).

6 Spritze jetzt 8–10 cm lange, grüne Raupen und kleine rote Schnecken auf die Backbleche.

7 Dekoriere beides mit Süßigkeiten, um z. B. Gesichter zu formen. In 55–60 Minuten knusprig backen. Den Backofen ausstellen, aber die Tiere im Ofen vollständig abkühlen lassen.

Kokosflocken

ERGIBT 30 STÜCK

250 g Kokosraspel

200 g Kondensmilch

1 Packung Vanillezucker

Glasierte Kirschen zum Dekorieren

1 Heize den Backofen auf 180 °C vor und fette zwei Backbleche ein.

2 Verrühre Kokosraspel, Kondensmilch und Vanillezucker in einer Schüssel.

3 Jeweils 1 TL der Masse auf das Backblech setzen. Lege in die Mitte der Flocken eine Kirsche.

4 In 10–12 Minuten leicht bräunen. Von den Blechen nehmen und abkühlen lassen.

Karamelltuffs

ERGIBT 36 STÜCK

300 g Butter

125 g feiner Zucker

2 Packungen Vanillezucker

270 g Weizenmehl

½ Packung Backpulver

Karamell-Belag

50 g weiche, gewürfelte Butter

1 EL brauner Zucker

1 EL Zuckerrübensirup

125 g Kondensmilch

100 g geschmolzene Schokolade

1 Heize den Backofen auf 180 °C vor und lege zwei Backbleche mit Backpapier aus.

2 Schlage Butter und Zucker in einer Schüssel schaumig und rühre den Vanillezucker ein. Siebe Mehl und Backpulver dazu und verarbeite die Zutaten zu einem glatten Teig.

3 Nimm esslöffelweise Teig ab und rolle Kugeln daraus. Lege diese auf das Backblech. Mit dem Daumen machst du in jede Teigkugel eine kleine Mulde. In 10–15 Minuten leicht goldgelb backen. 5 Minuten abkühlen lassen, dann auf einem Rost vollständig abkühlen lassen.

4 Für den Karamell-Belag gibst du Butter, Zucker und Sirup in einen Topf. Bei schwacher Hitze rührst du das Ganze, bis der Zucker sich vollständig aufgelöst hat. Rühre die Kondensmilch unter. Rühre 5–10 Minuten weiter, bis die Masse eine goldene Farbe hat.

5 Fülle jeden Keks mit dem Karamell und lasse das Ganze abkühlen. Ist der Karamell erkaltet, verstreiche ihn mit einem feuchten Finger.

6 Zum Schluss streichst du die Schokolade darüber.

Buchstabenkekse

ERGIBT ETWA 20 STÜCK

Vanillekekse

125 g weiche Butter

125 g feiner Zucker

30 ml Milch

1 Packung Vanillezucker

185 g Weizenmehl

2 TL Backpulver

60 g Puddingpulver Vanillegeschmack

Guss

60 g gesiebter Puderzucker

1 TL Butter

1 EL heißes Wasser

½ Packung Vanillezucker

Einige Tropfen Lebensmittelfarbe

1 Heize den Backofen auf 190 °C vor und lege zwei Backbleche mit Backpapier aus.

2 Schlage Butter und Zucker mit dem elektrischen Handrührgerät mit Rührbesen in einer Schüssel zu einer schaumigen Masse auf. Das dauert ca. 3–5 Minuten.

3 Rühre Milch und Vanillezucker unter. Gib Mehl, Backpulver und Puddingpulver hinzu und vermenge alles zu einem glatten Teig.

4 Lege den Teig auf eine bemehlte Arbeitsfläche und knete ihn 1 Minute. Dann rolle den Teig ca. 5 mm dick zwischen zwei Lagen Backpapier aus.

5 Jetzt werden die Buchstaben mit entsprechenden Buchstabenformen ausgestochen. Den restlichen Teig knetet ihr noch einmal durch und rollt ihn wieder aus. Die Buchstabenkekse auf die Backbleche legen.

6 In 15–18 Minuten goldgelb backen. 3 Minuten auf den Blechen abkühlen lassen, dann auf einem Rost vollständig abkühlen lassen.

7 Für den Guss alle Zutaten zu einer glatten Masse verrühren. Wenn du unterschiedliche Farben verwenden willst, musst du den Guss aufteilen und einige Tropfen Lebensmittelfarbe in jeden Teil hinzutun. Den Guss auf die Buchstaben streichen.

Gipfelstürmer

ERGIBT 25 STÜCK

125 g Butter
115 g feiner Zucker
3 EL Milch
185 g Weizenmehl
2 TL Backpulver
30 g Puddingpulver Vanillegeschmack
30 g Kokosraspel
Zusätzliches Puddingpulver Vanillegeschmack

Füllung

75 g weiche Butter
85 g Puderzucker
2 TL Milch
100 g Erdbeerkonfitüre

1 Heize den Backofen auf 190 °C vor und lege zwei Backbleche mit Backpapier aus.

2 Schlage Butter und Zucker mit dem elektrischen Handrührgerät mit Rührbesen in einer Schüssel zu einer schaumigen Masse auf. Rühre die Milch ein. Siebe Mehl, Backpulver und Puddingpulver dazu und gib die Kokosraspel dazu. Vermenge alle Zutaten zu einem glatten Teig.

3 Nimm jeweils 2 TL Teig und rolle Kugeln daraus. Lege diese auf die Bleche und drücke mit einer Gabel die Kugeln flach. Damit der Teig nicht anklebt, kannst du die Gabel zwischendurch in Puddingpulver tauchen.

4 In 15–20 Minuten goldbraun backen. Zum Abkühlen auf einen Rost legen.

5 Für die Füllung schlägst du Butter und Zucker mit dem elektrischen Handrührgerät mit Rührbesen in einer Rührschüssel zu einer schaumigen Masse auf. Dann rührst du die Milch darunter.

6 Bestreiche die Hälfte der Kekse auf der Unterseite mit ½ TL von der Füllung, die andere Hälfte bestreichst du mit Konfitüre. Dann setzt du die Kekse zusammen.

Schoko-Haselnuss-Friands

ERGIBT 12 STÜCK

185 g Butter

6 Eiweiß

155 g Weizenmehl

30 g ungesüßtes Kakaopulver

250 g Puderzucker

200 g gemahlene Haselnüsse

1 Heize den Backofen auf 200 °C vor und fette sechs kleine Förmchen (je 125 ml) ein. Gib die Butter in einen kleinen Topf und zerlasse sie bei mittlerer Temperatur. 3–4 Minuten köcheln lassen, dann hat die Butter eine dunkelgoldene Farbe. Abkühlen lassen.

2 Das Eiweiß gibst du in eine Schüssel und schlägst es schaumig. Siebe Mehl, Kakao und Puderzucker in eine große Schüssel und rühre die Haselnüsse darunter.

3 In die Mitte eine Vertiefung machen. Jetzt gibst du das Eiweiß und die Butter in die Vertiefung und verarbeitest alle Zutaten zu einem geschmeidigen Teig. Fülle den Teig in die Förmchen. Sie dürfen nur zu drei Vierteln voll sein.

4 20–25 Minuten backen. Eine eingeführte Stricknadel sollte sauber sein. Dann sind die Friands gar. Einige Minuten in der Form abkühlen lassen, dann auf einem Rost vollständig erkalten lassen.

Madeleines

**ERGIBT 14 STÜCK
(ODER 30 KLEINE)**

Zerlassene Butter und Mehl für das Blech

3 Eier

100 g feiner Zucker

150 g Weizenmehl

100 g zerlassene Butter

Geriebene Schale von 1 Zitrone und 1 Orange

1 Heize den Backofen auf 200 °C vor. Bestreiche ein Madeleines-Blech mit zerlassener Butter und bestäube die Mulden mit etwas Mehl.

2 Schlage Eier und Zucker zu einer blass-gelben Masse auf.

3 Arbeite zuerst das Mehl unter, dann die zerlassene Butter und die Zitronen- und Orangenschale. Den Teig in die Mulden geben und einige Minuten ruhen lassen.

4 In etwa 12 Minuten (die kleinen brauchen nur 7 Minuten) goldgelb backen. Herausnehmen und auf einem Rost abkühlen lassen.

Kuchen und Torten

Möhrenkuchen mit Ricotta

12–14 PORTIONEN

310 g Weizenmehl

1 TL Backpulver

1 TL Backnatron

2 TL gemahlener Zimt

1 TL Lebkuchengewürz

90 g brauner Zucker

60 g Sultaninen

2 verquirlte Eier

2 EL Rapsöl

4 EL Milch

140 g feines Apfelmus

300 g grob geriebene Möhren

Ricotta-Belag

125 g Ricotta-Käse

30 g Puderzucker

1 TL Limettenschale

1 Heize den Backofen auf 180 °C vor. Fette eine Kuchenform (10 × 18 cm) ein und lege sie mit Backpapier aus. Siebe Mehl, Backpulver, Backnatron und Gewürze in eine große Rührschüssel. Rühre Zucker und Sultaninen darunter.

2 In einer anderen Schüssel vermengst du Eier, Öl, Milch und Apfelmus. Gib diese Mischung zu den Trockenzutaten und rühre alles gut durch.

3 Jetzt gibst du die Möhren dazu und vermengst diese mit dem Teig. Fülle den Teig in die Form. Den Kuchen ca. 1 Stunde und 15 Minuten backen. 5 Minuten stehen lassen, dann aus der Form nehmen und auf einem Rost erkalten lassen.

4 Für den Belag Ricotta, Puderzucker und Limettenschale zu einer glatten Creme verrühren. Jeweils einen Klecks auf die Kuchenscheiben geben.

Mangoküchlein mit Limettensirup

ERGIBT 4 STÜCK

425 g Mangoscheiben in Sirup, abgetropft

90 g weiche Butter

185 g feiner Zucker

2 verquirlte Eier

60 g Weizenmehl

1 TL Backpulver

2 EL gemahlene Mandeln

2 EL Kokosmilch

2 EL Limettensaft

1   Heize den Backofen auf 200 °C vor. Fette vier Muffinformen ein und lege sie mit Mangoscheiben aus.

2   Verschlage mit dem elektrischen Handrührgerät mit Rührbesen Butter und 125 g Zucker zu einer cremigen Masse. Rühre nach und nach Eier darunter. Mehl und Backpulver dazusieben, dann Mandeln und Kokosmilch zugeben. Vermenge die Zutaten zu einem glatten Teig und fülle ihn in die Muffinformen.

3   In 25 Minuten goldgelb backen. Sind die Küchlein abgekühlt, piekst du mehrere Löcher in den Teig. Gib den Limettensaft, den restlichen Zucker und 125 ml Wasser in einen kleinen Topf und rühre bei mittlerer Temperatur so lange, bis sich der Zucker aufgelöst hat. Erhöhe die Temperatur und lasse die Lösung 10 Minuten zu einem Sirup einköcheln.

4   Den Sirup träufelst du dann auf die Küchlein. 5 Minuten ruhen lassen, dann herausnehmen, stürzen und essen.

Himbeer-Passionsfrucht-Herzen

ERGIBT 6 STÜCK

120 g Weizenmehl

1 TL Backpulver

140 g gemahlene Mandeln

185 g Butter

250 g feiner Zucker

125 g Passionsfruchtmus ohne Kerne

1 Packung Vanillezucker

2 Eier

125 g frische oder aufgetaute TK-Himbeeren

Puderzucker zum Bestäuben

1 Heize den Backofen auf 180 °C vor. Fette sechs kleine Herz-förmchen (160 ml) ein.

2 Mische in einer Rührschüssel Mehl, Backpulver und gemahlene Mandeln. In die Mitte eine Vertiefung machen.

3 Gib Butter, Zucker, Passionsfrucht und Vanillezucker in einen Topf. Rühre das Ganze bei schwacher Hitze, bis die Butter geschmolzen ist und die Zutaten eine glatte Masse bilden.

4 Rühre jetzt die Buttermasse unter die Trockenzutaten. Dann rührst du die Eier unter.

5 Gieße den Teig in die Förmchen und verteile die Himbeeren darauf. Drücke sie etwas in den Teig.

6 In 25 Minuten goldgelb backen. 10 Minuten ruhen lassen, dann aus der Form nehmen und auf einem Rost abkühlen lassen. Vor dem Essen mit Puderzucker bestäuben.

Zitronenkuchen mit Knusperguss

ERGIBT 8–10 PORTIONEN

250 g weiche Butter

200 g feiner Zucker

2 TL fein geriebene Zitronenschale

4 verquirlte Eier

250 g Weizenmehl

2 TL Backpulver

¼ TL Salz

2 EL Zitronensaft

Guss

110 g Zucker

3 EL Zitronensaft

1 Heize den Backofen auf 170 °C vor. Fette eine quadratische Form (22 cm) ein und lege sie mit Backpapier aus.

2 Mit dem elektrischen Handrührgerät mit Rührbesen schlägst du Butter und Zucker schaumig auf. Gib die Zitronenschale dazu und rühre dann nach und nach die Eier unter.

3 Mit einem großen Metalllöffel arbeitest du jetzt gesiebtes Mehl, Backpulver und Salz unter den Teig. Gib den Zitronensaft zu und rühre so lange, bis ein geschmeidiger Teig entstanden ist.

4 Gib den Teig in die Form und streiche die Oberfläche glatt. 1 Stunde und 20 Minuten backen. Der Kuchen ist gar, wenn eine hineingesteckte Stricknadel sauber wieder herauskommt. Nimm den Kuchen aus der Form und lasse ihn auf einem Rost abkühlen.

5 Für den Guss mischt du Zucker und Zitronensaft (der Zucker soll sich nicht auflösen) und streichst diesen sofort auf den noch warmen Kuchen. Der Saft sinkt in den Kuchen und der Zucker bildet eine herrliche Kruste. Vor dem Essen abkühlen lassen.

Kirschkuchen

ERGIBT 8–10 PORTIONEN

700 g Sauerkirschen aus dem Glas, abgetropft

1 EL Speisestärke

125 ml Saft von den Kirschen

250 g Weizenmehl

½ Packung Backpulver

165 g feiner Zucker

30 g Kokosraspel

125 g gewürfelte Butter

1 Ei

185 ml Milch

1 Heize den Backofen auf 180 °C vor. Bestreiche eine Springform (22 cm) mit zerlassener Butter und lege sie mit Backpapier aus. Das Backpapier noch ein wenig einfetten.

2 Gib die Kirschen in einen Topf und verrühre die Speisestärke mit dem Kirschsaft. Gieße das zu den Kirschen. Bei schwacher Hitze köcheln lassen, bis der Kirschsaft eingedickt ist.

3 Siebe Mehl und Backpulver in eine Schüssel. Gib Zucker, Kokosraspel und Butter hinzu. Arbeite die Butter mit den Händen unter die Zutaten, bis Brösel entstehen. Nimm eine halbe Tasse davon ab und stelle diese beiseite.

4 Rühre Ei und Milch unter und rühre so lange, bis ein geschmeidiger Teig entstanden ist. Gib den Teig in die Form und streiche die Oberfläche glatt.

5 Die erkalteten Kirschen aus dem Topf verteilst du jetzt klecksweise auf dem Kuchen. Streue die Brösel darüber.

6 Den Kuchen 55–60 Minuten backen. 10 Minuten in der Form abkühlen lassen, dann herausnehmen und auf einem Rost abkühlen lassen.

Sandkuchen mit Passionsfrucht-Käse-Guss

ERGIBT 6 STÜCK

185 g weiche Butter
1 Packung Vanillezucker
250 g feiner Zucker
3 Eier
185 g Weizenmehl
60 g Reismehl
2 TL Backpulver
4 EL Milch

Guss

100 g Frischkäse (Zimmertemperatur)
90 g gesiebter Puderzucker
1–2 EL Passionsfruchtmus ohne Kerne

1 Heize den Backofen auf 180 °C vor. Fette ein Muffinblech mit sechs Vertiefungen ein. Auf den Boden der Vertiefungen legst du Backpapier.

2 Verrühre Butter, Vanillezucker, Zucker, Eier, beide Mehlsorten, Backpulver und Milch mit einem elektrischen Handrührgerät mit Rührbesen, erst auf niedriger Stufe, dann 3 Minuten auf höchster Stufe. Der Teig sollte dick und weich sein.

3 Gib den Teig in die Förmchen und streiche die Oberfläche glatt.

4 Im Backofen in 20–25 Minuten goldgelb backen. 10 Minuten in der Form abkühlen lassen, dann herausnehmen und auf einem Rost vollständig erkalten lassen.

5 Für den Guss verrührst du Käse und Puderzucker in einer kleinen Schüssel. Mach das mit dem elektrischen Handrührgerät mit Rührbesen. Dann rühre die Passionsfrucht unter. 2 Minuten rühren, bis eine cremige Masse entstanden ist. Über die Kuchen geben.

Früchtebrot

ERGIBT 10–12 SCHEIBEN

60 g gehackte, getrocknete Birnen

60 g gehackte, getrocknete Pfirsiche

125 g gehacktes, gemischtes Trockenobst (oder Trockenaprikosen)

70 g Weizenkleie

100 g brauner Zucker

375 ml Magermilch

185 g Weizenvollkornmehl

3 TL Backpulver

1 TL Lebkuchengewürz

1 Schütte Birnen, Pfirsiche, gemischtes Trockenobst, Weizenkleie, braunen Zucker und Milch in eine große Rührschüssel. Mische die Zutaten und lass das Ganze eine Stunde zum Einweichen stehen.

2 Heize den Backofen auf 180 °C vor. Besprühe eine Kastenform (9.5 × 19.5 cm) mit Öl, dann lege auf den Boden der Form ein Stück Backpapier.

3 Siebe Mehl, Backpulver und Lebkuchengewürz in eine Schüssel, die herausgesiebten Spelzen legst du zurück in die Schüssel. Mische das Mehl unter die Trockenfrüchte. Dann fülle den Teig in die Form und streiche die Oberfläche glatt.

4 Das Brot 45–50 Minuten backen. Es sollte leicht gebräunt sein. 10 Minuten in der Form ruhen lassen, dann herausnehmen und auf einem Rost vollständig erkalten lassen.

Hinweis: Im Kühlschrank hält sich das Brot eine Woche, eingefroren einen Monat.

Vollkornkekse mit Aprikosen

ERGIBT 20 STÜCK

225 g Vollkornweizenmehl

3 TL Backpulver

1½ TL gemahlener Zimt

60 g gemahlene Mandeln

80 g Rohrzucker

185 g gehackte, getrocknete Aprikosen

1 EL Sonnenblumen- oder Kürbiskerne

90 g zerlassene Butter

1 verquirltes Ei

3 EL Buttermilch

1 Heize den Backofen auf 180 °C vor und belege ein Backblech mit Backpapier.

2 Siebe Mehl, Backpulver und Zimt in eine große Rührschüssel, herausgesiebte Spelzen wieder hineinlegen. Rühre jetzt die gemahlenen Mandeln, den Rohrzucker, die Aprikosen und die Kerne unter. In die Mitte eine Vertiefung machen.

3 Verrühre Butter, Ei und Buttermilch in einer kleinen Schüssel und gib das zu den Trockenzutaten. Vermenge beides kurz mit einer Gabel.

4 Nimm jeweils 1 gehäuften EL vom Teig und lege ihn auf das Backblech. Bilde kleine Hügel daraus.

5 15–20 Minuten backen. 2–3 Minuten auf dem Blech abkühlen lassen, dann auf einen Rost legen und vollständig erkalten lassen.

Gestürzte Ananastorte

ERGIBT 8–10 STÜCKE

Boden

60 g Butter

95 g brauner Zucker

4 Scheiben Ananas aus der Dose, abgetropft und halbiert

12 glasierte Kirschen

Kuchen

125 g Butter

115 g feiner Zucker

2 Eier

1 Packung Vanillezucker

185 g gesiebtes Weizenmehl

2 TL gesiebtes Backpulver

125 ml Milch

1. Für den Boden verrührst du Butter und Zucker in einer Schüssel. Lege eine Springform (20 cm) mit Backpapier aus und verteile den Boden darin.

2. Verteile Ananasscheiben und Kirschen auf dem Boden. Beiseite stellen.

3. Für den Kuchen heize den Backofen auf 180 °C vor. Schlage Butter und Zucker schaumig. Rühre nach und nach die Eier darunter und den Vanillezucker.

4. Mehl mit Backpulver mischen. Rühre abwechselnd Mehl und Milch unter den Teig. Fange mit Mehl an und höre mit Mehl auf.

5. Den Teig in die Springform geben und auf der Ananas verteilen. 45–50 Minuten backen. In der Form 15 Minuten abkühlen lassen, dann stürzen und auf dem Rost vollständig erkalten lassen.

Joghurt-Bananen-Kuchen mit Honigguss

ERGIBT 6 STÜCK

180 g weiche Butter

90 g flüssiger Honig

230 g feiner Zucker

1 ½ Packungen Vanillezucker

3 Eier

4 zerdrückte Bananen

185 g Naturjoghurt

½ TL Backnatron

375 g Weizenmehl

1 TL Backpulver

Honigguss

125 g Butter

3 EL Honig

125 g Puderzucker

1 EL Milch

1 Heize den Backofen auf 180 °C vor. Fette sechs Förmchen (ca. 10 cm Durchmesser) ein und lege Backpapier auf den Boden der Formen.

2 Mit dem elektrischen Handrührgerät mit Rührbesen schlägst du Butter, Honig, Zucker und Vanillezucker in einer Schüssel schaumig, dann rührst du nach und nach die Eier unter und zum Schluss die Bananen.

3 Verrühre Joghurt und Backnatron, mische Mehl und Backpulver. Gib abwechselnd Joghurt und Mehl zu den restlichen Zutaten und rühre einen glatten Teig an. Fülle den Teig in die sechs kleinen Formen.

4 50–60 Minuten backen. Die Kuchen sind gar, wenn eine hineingesteckte Stricknadel sauber wieder herauskommt. 5 Minuten in den Formen abkühlen lassen, dann aus der Form nehmen und auf einen Rost legen.

5 Für den Guss schlage Butter und Honig in einer kleinen Schüssel schaumig. Das geht am besten mit dem elektrischen Handrührgerät mit Rührbesen. Rühre nach und nach Puderzucker und Milch darunter, bis die Masse eine blasse Farbe bekommt. Wenn die Kuchen kalt sind, bestreichst du jeden Kuchen damit, so als hätten sie Gipfel.

Hinweis: In einem luftdichten Gefäß halten die Kuchen 4 Tage. Ohne Guss können die Kuchen 3–4 Monate eingefroren werden.

Schokoladenkuchen

ERGIBT 8–10 PORTIONEN

125 g Butter

170 g feiner Zucker

3 Eier

1 EL Zuckerrübensirup oder Honig

1 Packung Vanillezucker

185 g Weizenmehl

½ TL Backpulver

¼ TL Backnatron

3 EL ungesüßtes Kakaopulver

125 ml Milch

Glasur

125 g Puderzucker

1 ½ EL ungesüßtes Kakaopulver

1 EL weiche Butter

1 Heize den Backofen auf 180 °C vor. Fette eine Springform (20 cm) ein und lege sie mit Backpapier aus. Schlage Butter, Zucker und Eier zu einer schaumig-lockeren Masse auf.

2 Rühre Zuckerrübensirup oder Honig und Vanillezucker ein. Siebe Mehl, Backpulver, Backnatron, und Kakao hinein und gieße die Milch dazu. Vermenge die Zutaten zu einem geschmeidigen Teig.

3 Verteile den Teig in der Form und streiche die Oberfläche glatt. Ca. 45–55 Minuten backen. Der Kuchen ist gar, wenn eine hineingesteckte Stricknadel sauber wieder herauskommt.

4 10 Minuten in der Form abkühlen lassen, dann herausnehmen und vollständig auskühlen lassen.

5 Für die Glasur verrührst du Puderzucker, Kakao und Butter mit etwas heißem Wasser. Ist die Creme glatt, verteilst du sie auf den Kuchen. Creme abkühlen und fest werden lassen.

Gebackener Käsekuchen

ERGIBT 8–10 PORTIONEN

375 g Löffelbiskuits
175 g zerlassene Butter

Füllung

500 g Magerquark
200 g feiner Zucker
4 Eier
300 g Sahne
2 EL Weizenmehl
1 TL gemahlener Zimt
¼ TL gemahlene Muskatnuss
1 EL Zitronensaft
2 Packungen Vanillezucker

1 Fette eine Springform (23 cm) ein und lege Boden und Seiten der Form mit Backpapier aus.

2 Die Löffelbiskuits in einer Küchenmaschine zu Bröseln verkleinern. Gib die Butter dazu und verarbeite beides zu einer festen Masse. Gib diese in die Springform und verteile das Brösel-Buttergemisch bis an die Ränder auf den Boden. Heize den Backofen auf 180 °C vor.

3 Für die Füllung schlage Quark und Zucker cremig auf. Rühre nach und nach Eier und Sahne darunter. Arbeite Mehl, Zimt, Muskat, Zitronensaft und Vanillezucker darunter.

4 Gieße die Füllung auf den vorbereiteten Boden und streiche die Oberfläche glatt. In etwa 1 Stunde goldgelb backen. Bei Zimmertemperatur abkühlen lassen, dann bis zum Essen kalt stellen.

Zitronen-Kokos-Kuchen

ERGIBT 5 STÜCK

185 g Weizenmehl
1 TL Backpulver
45 g Kokosraspel
1 EL geriebene Zitronenschale
230 g feiner Zucker
125 g zerlassene Butter
2 Eier
250 ml Milch

Glasur

185 g gesiebter Puderzucker
90 g Kokosraspel, zusätzlich welche zum
Garnieren
½ TL geriebene Zitronenschale
3 EL Zitronensaft

1 Heize den Backofen auf 180 °C vor. Fette fünf kleine Gugelhupf-Formen ein.

2 Siebe Mehl und Backpulver in eine große Schüssel und füge Kokosraspel, Zitronenschale, Zucker, Butter, Eier und Milch hinzu. Mische die Zutaten mit einem Holzlöffel und rühre so lange, bis ein glatter Teig entsteht. Fülle die Formen damit und streiche die Oberfläche glatt.

3 Die Kuchen in 20–25 Minuten goldgelb backen. Die Kuchen 5 Minuten in der Form abkühlen lassen, dann aus der Form nehmen und auf einem Rost vollständig erkalten lassen.

4 Für die Glasur verrührst du Puderzucker und Kokosraspel in einer Schüssel. Rühre Zitronenschale und Zitronensaft darunter.

5 Streiche die Glasur über die Kuchen und streue Kokosraspel darauf.

Zimttorte

ERGIBT 8 PORTIONEN

60 g Butter

115 g feiner Zucker

1 verquirltes Ei

1 Packung Vanillezucker

125 ml Milch

120 g Weizenmehl

1 TL Backpulver

1 TL gemahlener Zimt

Belag

1 EL feiner Zucker

1 TL gemahlener Zimt

1 EL zerlassene Butter

1 Heize den Backofen auf 180 °C vor. Fette eine Springform (20 cm) ein und belege den Boden der Form mit einem Stück Backpapier.

2 Mit dem elektrischen Handrührgerät mit Rührbesen verrührst du Butter und Zucker zu einer schaumigen Masse. Füge nach und nach das verquirlte Ei hinzu. Dann gib den Vanillezucker dazu.

3 Gib die Mischung in eine große Schüssel. Mit einem Holzlöffel arbeitest du abwechselnd mit der Milch das gesiebte Mehl, das Backpulver und den Zimt darunter. Der Teig sollte glatt sein.

4 Gib den Teig in die Form und backe den Kuchen 35–40 Minuten. Der Kuchen ist gar, wenn eine hineingesteckte Stricknadel sauber wieder herauskommt. Den Kuchen in der Form 5 Minuten abkühlen lassen, dann herausnehmen und auf einem Rost erkalten lassen.

5 Für den Belag mischt du Zucker und Zimt. Bestreiche den Kuchen mit der noch warmen zerlassenen Butter und bestreue ihn mit Zimtzucker.

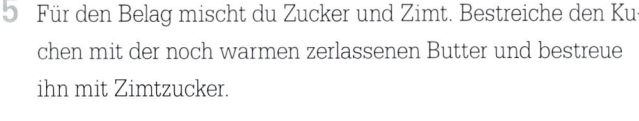

Gestürzter Bananenkuchen

ERGIBT 6 PORTIONEN

125 g Butter

185 g feiner Zucker

1 Ei

250 g Weizenmehl

2 TL Backpulver

185 ml Milch

1 große, zerdrückte Banane

75 g zerlassene Butter

95 g brauner Zucker

260 g Ananasstücke aus der Dose, abgetropft und zerdrückt

Sahne zum Servieren

1 Heize den Backofen auf 180 °C vor. Fette sechs kleine Spring-formen oder eine große Springform (20 cm) ein.

2 Schlage Butter, Zucker und Ei zu einer glatten Masse. Siebe Mehl und Backpulver dazu und verrühre es gut mit den ande-ren Zutaten. Dann rührst du Milch und Banane unter.

3 Mit der zerlassenen Butter den Boden jeder Form bestreichen, dann braunen Zucker darüberstreuen.

4 Verteile die Ananas auf dem braunen Zucker. Dann fülle den Teig darauf und streiche die Oberfläche glatt. Die Kuchen 40–45 Minuten backen.

5 Den Kuchen aus der Form nehmen. Dazu schmeckt geschla-gene Sahne.

Kokosschnitten mit Konfitüre

ERGIBT 20 SCHNITTEN

180 g Weizenmehl
1 TL Backpulver
60 g Puderzucker
150 g gewürfelte Butter
1 Eigelb
160 g Erdbeerkonfitüre
125 g feiner Zucker
3 Eier
270 g Kokosraspel

1 Heize den Backofen auf 180 °C vor. Fette eine viereckige Form (23 cm) ein und lege sie mit Backpapier aus. Lasse das Backpapier überhängen.

2 Gib Mehl, Backpulver und Puderzucker in eine Schüssel und arbeite mit den Fingern die Butter unter, bis der Teig aus Bröseln besteht. Dann rühre das Eigelb unter.

3 Den Teig in die Form drücken und die Form 10 Minuten in den Kühlschrank stellen. Den Boden in 15 Minuten goldgelb backen. Lass den Boden abkühlen, dann bestreiche ihn mit der Erdbeerkonfitüre.

4 Schlage Zucker und Eier zu einer cremigen Masse auf. Rühre die Kokosraspel unter. Verteile die Mischung auf der Konfitüre und drücke sie mit der Rückseite eines Löffels fest.

5 Weitere 25–30 Minuten backen. Den Kuchen in der Form abkühlen lassen, dann nimmst du ihn mithilfe des Backpapiers heraus und schneidest ihn in Stücke.

Hinweis: In einem luftdichten Gefäß hält sich der Kuchen 4 Tage.

Karamellschnitten

120 g Weizenmehl

1 TL Backpulver

90 g Kokosraspel

100 g Butter

115 g brauner Zucker

Füllung

30 g Butter

2 EL Zuckerrübensirup oder Honig

400 g gesüßte Kondensmilch

Belag

150 g grob gehackte dunkle Schokolade

40 g Butter

1 Heize den Backofen auf 180 °C vor. Fette eine viereckige Form (28 × 18 cm) ein und lege sie mit Backpapier aus. Siebe Mehl und Backpulver in eine Schüssel. Mische die Kokosraspel unter und mache in die Mitte eine Vertiefung.

2 Gib Butter und Zucker in einen Topf und rühre so lange bei schwacher Hitze um, bis die Butter zerlassen ist. Gieße die Butter zu den Trockenzutaten in die Vertiefung und vermenge die Zutaten miteinander.

3 Nimm den Teig heraus und drücke mithilfe eines Löffels den Teig als Boden in die Form. 10 Minuten backen, dann abkühlen lassen.

4 Für die Füllung gibst du Butter, Sirup oder Honig und Kondensmilch in einen Topf. Rühre das Ganze so lange bei schwacher Hitze, bis eine glatte Masse entstanden ist. Rühre weitere 10 Minuten. Dann gieße den Topfinhalt auf den Boden und backe ihn weitere 20 Minuten.

5 Für den Belag gibst du Schokolade und Butter in eine hitzebeständige Schüssel und stellst diese auf einen Topf mit siedendem Wasser (die Schüssel darf das Wasser nicht berühren). Rühre, bis eine glatte Creme entstanden ist.

6 Verstreiche den Belag auf dem Karamell und lasse ihn fest werden. Nimm den Kuchen aus der Form und schneide ihn in Stücke.

Biskuitrolle

ERGIBT 10 PORTIONEN

90 g Weizenmehl

1 TL Backpulver

3 verquirlte Eier

170 g feiner Zucker

160 g gut durchgerührte Erdbeerkonfitüre

Puderzucker zum Bestäuben

1 Heize den Backofen auf 190 °C vor. Fette eine flache Form (2 × 25 × 30 cm) leicht ein und lege Backpapier auf den Boden. Lasse es über die Seiten hängen. Siebe Mehl und Backpulver dreimal auf ein Stück Backpapier.

2 Mit dem elektrischen Handrührgerät mit Rührbesen schlägst du die Eier in einer Schüssel zu einer blass-gelben Creme auf. Rühre nach und nach 115 g vom Zucker unter und rühre den Teig, bis er eine blasse Farbe hat. Gib den Teig in eine große Schüssel.

3 Mit einem Metalllöffel hebst du schnell das Mehl unter. Dann verteile den Teig in der Form und streiche die Oberfläche glatt.

4 Den Kuchen 10–12 Minuten backen, er sollte dann hellgelb sein und bei Druck nachgeben. In der Form abkühlen lassen.

5 Lege ein Küchenhandtuch auf den Küchentisch. Lege ein Stück Backpapier darauf und streue den restlichen Zucker darauf. Lege den Kuchen auf das Backpapier.

6 Nun rolle die Gebäckplatte von der kurzen Seite mithilfe des Backpapiers auf. Lege sie 5 Minuten auf den Rost, dann rolle sie wieder ab. Ist das Gebäck abgekühlt, bestreichst du es mit der Konfitüre und rollst sie wieder auf. Mit Puderzucker bestäuben.

Kuchen und Torten

Rhabarber-Apfel-Streuselkuchen

ERGIBT 12 STÜCKE

310 g Weizenmehl
2 TL Backpulver
270 g weiche Butter
80 g feiner Zucker
1 Eigelb
200 g Mandelsplitter
400 g kleine Apfelwürfel
500 g Rhabarberstücke
1 TL geriebene Zitronenschale
Puderzucker zum Bestäuben

1 Heize den Backofen auf 180 °C vor.
Fette eine viereckige Form (20 × 30 cm)
ein und lege die Form mit Backpapier aus. Lasse das Backpapier an den langen Seiten überhängen.

2 Mische das Mehl mit dem Backpulver. Gib 185 g Mehl, 145 g
Butter und 25 g feinen Zucker in eine Küchenmaschine und
mixe die Zutaten mehrmals kurz, bis Streusel entstanden
sind. Gib das Eigelb und 2 EL kaltes Wasser hinzu und mixe
das Ganze mehrmals kurz, bis die Zutaten sich verbunden
haben.

3 Drücke den Teig auf den Boden der Form und backe den
Boden 15 Minuten. Abkühlen lassen.

4 Restliches Mehl, Butter und Zucker mit 150 g Mandeln in die
Küchenmaschine geben und in kurzen Stößen mischen. Die
Mandeln sollten dann gehackt sein. Nimm 1 Tasse von der
Mischung ab.

5 Vermenge nun die Streuselmischung mit Äpfeln, Rhabarber
und Zitronenschale.

6 Bestreiche damit den Boden. Streue die restlichen Streusel
darüber, dann die restlichen Mandeln.

7 Den Kuchen 40 Minuten backen, 5 Minuten ruhen lassen.
Dann aus der Form nehmen und auf einem Rost abkühlen lassen. In Scheiben schneiden und mit Puderzucker bestäuben.

Schoko-Käse-Strudel

ERGIBT 24 STÜCKE

1,25 kg Frischkäse (Zimmertemperatur)
120 g Ricotta-Käse
2 Packungen Vanillezucker
310 g feiner Zucker
6 Eier
100 g gehackte dunkle Schokolade
1 EL Milch
2 TL Trinkschokoladenpulver
75 g gemahlene Haselnüsse
3 TL geriebene Orangenschale
50 g zerböckelte Amaretti-Kekse
Puderzucker zum Bestäuben

1 Heize den Backofen auf 170 °C vor. Fette eine viereckige Form (20 × 30 cm) ein und lege sie mit Backpapier aus. Lasse das Backpapier an den langen Seiten überhängen.

2 Verrühre Frischkäse, Ricotta, Vanillezucker und Zucker in einer Küchenmaschine zu einer glatten Creme. Gib die Eier hinzu und verrühre sie mit den übrigen Zutaten. Teile die Mischung auf zwei Schüsseln auf.

3 Gib Schokolade, Milch und Trinkschokoladenpulver in eine hitzebeständige Schüssel und stelle diese auf einen Topf mit siedendem Wasser (die Schüssel darf das Wasser nicht berühren). Rühre so lange, bis die Schokolade geschmolzen ist. Abkühlen lassen.

4 Dann gieße die Schokolade in eine der Schüsseln. Rühre gut um, dann hebst du die Haselnüsse unter. Verteile den Teig in der Form.

5 In die andere Schüssel rührst du Orangenschale und Keksbrösel. Verstreiche diese Mischung auf dem Schokoteig in der Form.

6 Mit einem Messer oder einer Gabel ziehst du von einer Ecke der Form in die nächste durch die Teigschichten, damit sich Wirbel bilden.

7 1 Stunde backen. In der Form abkühlen lassen, dann in quadratische Stücke schneiden. Vor dem Essen mit Puderzucker bestäuben.

Kuhflecken-Brownies

ERGIBT 20 STÜCK

125 g Butter

90 g gehackte Milchschokolade

250 g Zucker

2 Packungen Vanillezucker

2 Eier

120 g gesiebtes Weizenmehl

1 TL gesiebtes Backpulver

90 g zerkleinerte weiße Schokolade

1 Heize den Backofen auf 180 °C vor. Fette eine viereckige Form (20 cm) ein.

2 Verrühre 60 g von der Butter mit der zerkleinerten Milchschokolade in einer hitzebeständigen Schüssel, die du auf einen Topf mit siedendem Wasser stellst (die Schüssel darf das Wasser nicht berühren). So lange rühren, bis die Schokolade geschmolzen ist.

3 Schlage 125 g Zucker, 1 Packung Vanillezucker und ein Ei in einer Schüssel schaumig auf und rühre die geschmolzene Schokoladenmischung darunter. Mische Mehl und Backpulver und rühre 60 g davon unter. Beiseitestellen.

4 Verrühre 60 g von der Butter mit der zerkleinerten weißen Schokolade in einer hitzebeständigen Schüssel, die du auf einen Topf mit siedendem Wasser stellst (die Schüssel darf das Wasser nicht berühren). So lange rühren, bis die Schokolade geschmolzen ist.

5 Schlage 125 g Zucker, 1 Packung Vanillezucker und ein Ei in einer Schüssel schaumig auf und rühre die geschmolzene Schokoladenmischung darunter. Rühre 60 g Mehl unter. Beiseitestellen.

6 Gib von beiden Teigsorten klecksweise etwas in die Form, ohne beide miteinander zu mischen. Glätte die Oberfläche und backe den Kuchen 35 Minuten. Vor dem Aufschneiden in der Form abkühlen lassen.

Desserts und Partyideen

Himbeer-Mürbteigtörtchen

ERGIBT 6 PORTIONEN

Teig
125 g Weizenmehl
1 TL Backpulver
40 g Puderzucker
90 g kalte, gewürfelte Butter
1 Eigelb
½ TL Vanillezucker
½ –1 EL Eiswasser

Belag
750 g frische Himbeeren
30 g Puderzucker
110 g Rote-Johannisbeer-Gelee
Geschlagene Sahne zum Servieren

Getrocknete Bohnen oder Reiskörner
zum Blindbacken

1 Für den Teig siebe Mehl, Backpulver und Puderzucker in eine große Schüssel. Mit den Fingern arbeitest du die Butter unter, bis ein bröselartiger Teig entsteht. Gib Eigelb, Vanillezucker und Eiswasser hinzu und verknete alles zu einem geschmeidigen Teig. Den Teig mit einem Gummispatel noch einmal durchschlagen, dann auf eine leicht bemehlte Oberfläche legen. Knete den Teig zu einer Kugel, wickle diese in Frischhaltefolie und lege sie 30 Minuten in den Kühlschrank.

2 Heize den Backofen auf 180 °C vor. Rolle den Teig zu sechs kleinen Rechtecken aus (5 × 10 cm) und lege diese in rechteckige Tarteformen mit geriffelten Seiten. Den Teig mehrmals mit einer Gabel einstechen und 20 Minuten kalt stellen.

3 Lege jetzt ein kleines Stück Backpapier auf die Törtchen und schütte eine Handvoll rohe Reiskörner oder Bohnen darauf. Die Törtchen 15–20 Minuten damit backen. Papier und Reis entfernen und weitere 15 Minuten backen. Auf einem Rost abkühlen lassen.

4 Für den Belag 500 g Himbeeren beiseitelegen. Die restlichen Himbeeren mit dem Puderzucker mischen und zerdrücken. Die zerdrückten Himbeeren kurz vor dem Servieren auf die Törtchen geben.

5 Verteile die ganzen Himbeeren auf den Törtchen. Gib das Gelee in einen kleinen Topf und erhitze es kurz, bis es flüssig wird. Streiche die Himbeeren mithilfe eines Kuchenpinsel mit dem Gelee ein. Dazu schmeckt geschlagene Sahne.

Frische Obsttörtchen

ERGIBT 12 STÜCK

750 g fertiger süßer Mürbeteig aus dem Kühlregal

Kiwitörtchen

250 g Frischkäse (Zimmertemperatur)
4 EL Puderzucker
1 TL geriebene Zitronenschale
1 TL Zitronensaft
2 Kiwis, in Scheiben geschnitten
110 g Apfelgelee

Blaubeertörtchen

2 EL Speisestärke
1 TL geriebene Zitronenschale
2 EL Zitronensaft
2 EL feiner Zucker
185 ml Milch
1 verquirltes Ei
3 EL Sahne
250 g Blaubeeren
Puderzucker zum Bestäuben

Getrocknete Bohnen zum Blindbacken

1 Rolle den Teig aus und steche zwölf Kreise (7 cm) aus. Lege damit kleine Förmchen aus und stelle diese 10 Minuten in den Kühlschrank. Den Backofen auf 180 °C vorheizen.

2 Lege auf jede Form ein Stück Backpapier und lege ein paar Backbohnen darauf. Die Törtchen darin 10 Minuten blindbacken. Aus dem Ofen nehmen, Bohnen und Papier entfernen. Die Törtchen in weiteren 5–7 Minuten goldgelb backen. Abkühlen lassen.

3 Für die Kiwitörtchen verrühre Frischkäse, Puderzucker, Zitronenschale und Saft mit dem elektrischen Handrührgerät mit Rührbesen. Fülle die Törtchen damit. Dann lege einige kleine Scheiben Kiwi darauf. Das Apfelgelee kurz erwärmen. Dann streiche die Kiwi damit ein.

4 Für die Blaubeertörtchen verrührst du Speisestärke, Zitronenschale, Zitronensaft, Zucker, Milch und Ei in einem Topf. Bei schwacher Hitze rührst du weiter, bis das Ganze köchelt und eindickt, dann noch 1 Minute weiterkochen. Lasse das Ganze abgedeckt abkühlen, dann rühre die Sahne darunter. Fülle die Törtchen damit, lege einige Blaubeeren darauf und bestreue sie zum Schluss mit Puderzucker.

Brot-Butter-Pudding

ERGIBT 4 PORTIONEN

6 Scheiben Weißbrot

750 ml Milch

¼ TL Zitronenschale

110 g Zucker

4 Eier

125 g gemischte, getrocknete Früchte, gehackt
(z. B. Sultaninen, Rosinen, Aprikosen,
Johannisbeeren)

1 Heize den Backofen auf 180 °C vor. Fette eine große Auflauf-form oder mehrere kleinere Formen ein. Schneide vom Brot die Rinde ab und bestreiche es mit Butter.

2 Gib die Milch mit der Zitronenschale in einen Topf und lasse sie aufkochen. Dann nimm den Topf vom Herd, lege den De-ckel darauf und lasse die Milch 10 Minuten stehen. Verrühre Zucker und Eier, dann gieße die Milch durch ein Sieb darüber und vermenge die Zutaten gründlich.

3 Verteile die Hälfte der Trockenfrüchte auf dem Boden einer großen Auflaufform. Dann lege die Hälfte der Brotscheiben mit der gebutterten Seite nach unten darauf. Gieße die Hälfte der Milchcreme darüber. Dann wiederhole das Ganze: erst Trockenfrüchte, dann Brot, dann die Creme.

4 Stelle die Form in die Fettpfanne des Ofens und gieße Wasser dazu – so viel, dass die Seiten der Form zur Hälfte bedeckt sind. 35 Minuten backen.

Saftiger Dattelpudding

ERGIBT 6 PORTIONEN

45 g Kokosraspel
115 g brauner Zucker
120 g Weizenmehl
1 TL Backpulver
½ TL Backnatron
100 g Butter
90 g Zuckerrübensirup oder Honig
185 g gehackte Datteln
3 EL Orangensaft
2 verquirlte Eier

Soße

80 g Butter
55 g brauner Zucker
250 g Sahne
2 EL Zuckerrübensirup oder Honig

1 Heize den Backofen auf 180 °C vor. Pinsle sechs kleine Puddingförmchen mit zerlassener Butter oder Öl ein.

2 Vermenge je zwei EL Kokosraspel und braunen Zucker und streue das in die Formen.

3 Siebe Mehl, Backpulver und Backnatron in eine Rührschüssel. Gib die restlichen Kokosraspel dazu und mache in die Mitte eine Vertiefung.

4 Verrühre den restlichen Zucker, die Butter, den Zuckerrübensirup, die Datteln und den Orangensaft in einem Topf. Rühre das Ganze bei mittlerer Hitze um, bis die Butter zerlassen ist.

5 Mit einem Metalllöffel vermengst du die Dattelmischung aus dem Topf mit den Trockenzutaten. Rühre die Eier unter, bis ein glatter Teig entsteht.

6 Fülle die Puddingformen damit und backe den Pudding 35 Minuten. Bevor du den Pudding aus den Formen nimmst, lasse ihn 5 Minuten abkühlen.

7 Für die Soße verrührst du alle Zutaten in einem Topf. Bei schwacher Hitze rührst du das Ganze um, bis die Butter zerlassen ist und der Zucker sich vollständig aufgelöst hat. Weitere 2 Minuten rühren, dann über den heißen Pudding gießen.

Karamellschnecken

ERGIBT 16 STÜCK

310 g Weizenmehl

2 TL Backpulver

115 g feiner Zucker

125 g Butter

125 ml Milch

3 EL Sauerrahm

60 g weiche Butter

60 g brauner Zucker

Karamellguss

45 g Butter

45 g brauner Zucker

1 EL Milch

60 g gesiebter Puderzucker

1 Heize den Backofen auf 210 °C vor und streiche eine flache, quadratische Kuchenform (23 cm) mit etwas Öl aus.

2 Siebe Mehl und Backpulver in eine Schüssel. Gib Zucker und Butter dazu und arbeite die Butter mit den Händen in die Trockenzutaten, bis eine krümelige Masse entsteht.

3 Verrühre Milch und Sauerrahm und gieße dies in die Schüssel. Vermenge alles zu einem geschmeidigen Teig.

4 Lege den Teig auf eine bemehlte Arbeitsfläche und knete ihn noch einmal durch. Dann rollst du daraus ein Rechteck.

5 Verrühre Butter und braunen Zucker und bestreiche damit den ausgerollten Teig. Rolle den Teig von der langen Seite her auf und schneide die Rolle in 16 Stücke. Lege die Scheiben in die Backform.

6 Die Schnecken 25 Minuten backen, bis sie goldgelb sind.

7 Für den Karamellguss zerlasse die Butter in einem Topf. Füge Zucker und Milch hinzu und rühre das Ganze bei schwacher Temperatur 1 Minute. Nun gib den Puderzucker dazu und rühre, bis eine glatte Masse entstanden ist. Bestreiche die Schnecken damit.

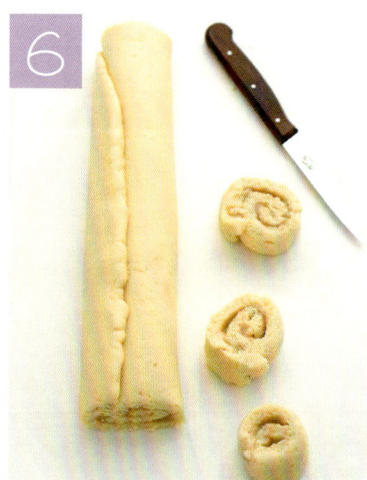

Rettungsringe

ERGIBT 5 STÜCK

2 Eiweiß

115 g feiner Zucker

5 EL geschlagene Sahne

Erdbeer- oder Himbeerkonfitüre zum Bestreichen

Bänder zum Dekorieren

1 Heize den Backofen auf 150 °C vor und belege ein Backblech mit Backpapier. Nimm eine runde Ausstechform (5 cm Durchmesser), lege sie aufs Backpapier und male die Umrisse nach. Das machst du zehnmal.

2 Mit einem elektrischen Handrührgerät mit Rührbesen schlägst du das Eiweiß so steif, bis sich Spitzen bilden. Gib den Zucker esslöffelweise hinzu und rühre so lange, bis die Baisermasse dick und glänzend aussieht. Auf jeden Fall muss der Zucker vollständig aufgelöst sein.

3 Fülle die Baisermasse in einen Spritzbeutel mit einfacher Lochtülle. Spritze die Masse auf die gezeichneten Umrisse.

4 20–30 Minuten im Ofen backen, bis die Baisers trocken sind und eine blasse Farbe haben. Im Ofen bei offener Backofentür abkühlen lassen.

5 Kurz vor dem Essen füllst du jeweils 2 Baisers mit Sahne und Konfitüre. Binde zum Schluss ein dekoratives Bändchen darum.

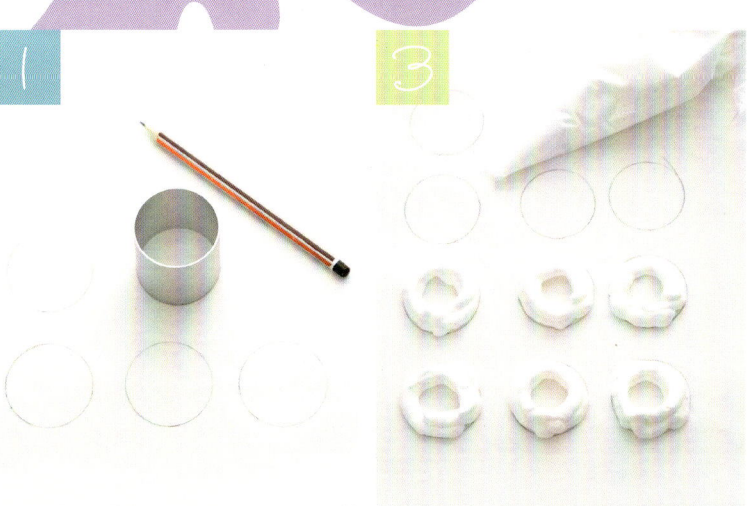

Scones

ERGIBT 12 STÜCK

250 g Weizenmehl

½ Packung Backpulver

1 Prise Salz

30 g Butter

185 ml Milch oder Buttermilch

Milch zum Glasieren

Butter oder Konfitüre und geschlagene Sahne
   zum Servieren

1 Heize den Backofen auf 210 °C vor und bestreiche ein Backblech mit etwas Öl.

2 Siebe Mehl, Backpulver und Salz in eine
große Schüssel. Gib die Butter dazu und
arbeite sie mit den Fingern unter die Trockenzutaten, bis der Teig krümelig wird.

3 In die Mitte eine Vertiefung machen. Gieße
die Milch hinzu und verrühre die Zutaten
mit einem Gummispatel, bis ein weicher
Teig entstanden ist. Vielleicht musst du
noch etwas Milch zugeben.

4 Lege den Teig auf eine bemehlte Arbeitsfläche und knete ihn kurz durch. Dann
rollst du den Teig 1–2 cm dick aus und
stichst 12 Kreise (5 cm Durchmesser) aus.

5 Lege die Kreise aufs Blech und bestreiche
sie mit etwas Milch. Im Backofen in
10–15 Minuten goldgelb backen. Mit Butter
essen oder mit Konfitüre und Schlagsahne.

Zarte Baisers

ERGIBT 36 STÜCK

3 Eiweiß
115 g feiner Zucker
40 g Puderzucker
½ TL Weinsteinbackpulver

1 Heize den Backofen auf 150 °C vor und belege ein Backblech mit Backpapier.

2 Schlage das Eiweiß so steif, bis sich Spitzen bilden. Rühre nach und nach den feinen Zucker darunter.

3 Rühre Puderzucker und Weinsteinbackpulver darunter. Nimm teelöffelweise Baisermasse und setze diese auf das Backblech.

4 Stelle die Backofentemperatur auf 100 °C und lasse die Baisers in 45–55 Minuten trocknen.

Erdbeerkissen

ERGIBT 18 STÜCK

155 g Weizenmehl

1 TL Backpulver

90 g kalte, gewürfelte Butter

90 g Sauerrahm

2 TL fein geriebene Zitronenschale

80 g Erdbeerkonfitüre

1 verquirltes Ei

1 EL Puderzucker zum Bestäuben

1 Lege auf zwei Backbleche Backpapier. Gib Mehl, Backpulver und Butter in eine Küchenmaschine und mixe das Ganze, bis es wie Semmelbrösel aussieht. Gib Sauerrahm und Zitronenschale zu und vermenge das Ganze zu einem Teig.

2 Lege den Teig auf eine bemehlte Arbeitsfläche und drücke ihn zu einer flachen Scheibe. Wickle diese in Frischhaltefolie und lege sie 30 Minuten in den Kühlschrank.

3 Heize den Backofen auf 200 °C vor. Rolle den Teig 3 mm dick auf bemehlter Arbeitsfläche aus und schneide 6 cm große Quadrate aus. Du kannst ein Lineal zur Hilfe nehmen. Teigreste verkneten, ausrollen und weitere Quadrate ausschneiden.

4 Gib jeweils ¾ TL Konfitüre in die Mitte der Quadrate und feuchte die Ränder mit etwas Wasser an. Das geht am besten mit einer Fingerspitze. Jetzt schlage den Teig einmal über und drücke die Kanten mit einer Gabel fest. Jedes Kissen bestreichst du mit dem verquirlten Ei.

5 Lege die Kissen auf die Backbleche. In 13 Minuten goldgelb backen, einige Minuten auf den Blechen abkühlen lassen, dann auf einen Rost legen und vollständig erkalten lassen. Vor dem Essen mit Puderzucker bestäuben.

Hinweis: Die Erdbeerkissen halten sich luftdicht verschlossen 5 Tage frisch.

Puddingrollen

ERGIBT 18 STÜCK

375 ml Milch

115 g feiner Zucker

60 g Grieß

1 TL geriebene Zitronenschale

1 verquirltes Ei

12 Scheiben Filo-Teig

125 g zerlassene Butter

2 EL Puderzucker

½ TL gemahlener Zimt

1   Gib Milch, Zucker, Grieß und Zitronenschale in einen Topf und lasse das Ganze aufkochen. Zwischendurch umrühren. Dann bei schwacher Temperatur 3 Minuten köcheln lassen.

2   Nimm den Topf von der Herdplatte und rühre das Ei hinein. Gieße den Pudding in eine Schüssel und lege Frischhaltefolie auf die Oberfläche. Lasse den Pudding abkühlen.

3   Heize den Backofen auf 180 °C vor und bestreiche zwei Backbleche mit zerlassener Butter.

4   Pinsle auf eine Teigscheibe etwas von der zerlassenen Butter, dann lege eine zweite Scheibe darauf. Schneide sie der Länge nach in drei Streifen. Bestreiche die Ränder mit Butter.

5   Gib jeweils 1 EL Pudding auf die Teigstreifen, und zwar 5 cm vom kurzen Ende der Streifen entfernt.

6   Rolle den Streifen über die Füllung, schlage dafür erst die Enden ein. Mache mit dem restlichen Teig und der restlichen Füllung so weiter.

7   Lege die Puddingrollen auf die Backbleche und bestreiche sie mit Butter. In 12–15 Minuten goldgelb backen. Auf einem Rost abkühlen lassen. Vor dem Essen mit Puderzucker und Zimt bestäuben.

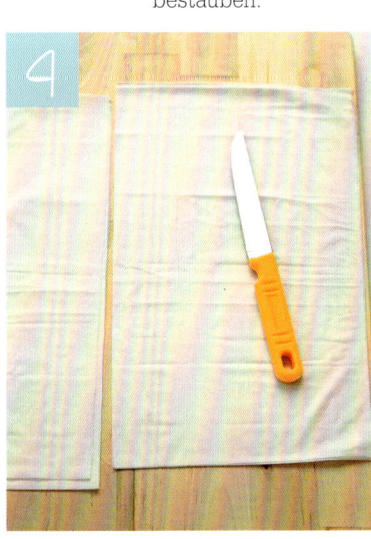

Apfel-Charlotte mit Konfitüre

ERGIBT 4 PORTIONEN

5 Kochäpfel, geschält, entkernt, in dünne
Scheiben geschnitten

2 EL brauner Zucker

¼ TL gemahlener Zimt

2 Weißbrotlaibe vom Vortag, ohne Rinden

150 g zerlassene Butter

Konfitürensoße

315 g Himbeerkonfitüre

1 TL geriebene Zitronenschale

115 g feiner Zucker

1 Heize den Backofen auf 180 °C vor und fette vier ofenfeste Förmchen (250 ml).

2 Gib die Apfelscheiben mit Zucker, Zimt und so viel Wasser, dass die Äpfel bedeckt sind, in einen Topf. Köchle die Äpfel weich, dann gieße das Wasser ab und lasse die Äpfel abkühlen.

3 Mit einem Keks-Ausstecher stichst du acht Kreise aus dem Brot aus. Sie bilden den Boden und den Deckel.

4 Schneide die restlichen Brotscheiben in 2 cm breite Streifen. Sie müssen so hoch sein wie die Form.

5 Tauche vier Brotkreise in die zerlassene Butter und lege diese jeweils auf den Boden der vier Formen. Die Brotstreifen legst du an die Seiten der Formen.

6 Fülle jede Form mit den gedünsteten Äpfeln und lege eine zweite Brotscheibe darauf, die du vorher in Butter tauchst. Die Brotscheibe gut andrücken.

7 Stelle die Formen auf das Backblech und backe die Charlottes 20 Minuten. Dann stürzt du sie auf Teller.

8 Für die Soße gibst du alle Zutaten in einen Topf. Gib 125 ml Wasser hinzu. Lass das Ganze aufkochen und 20 Minuten köcheln. Warm servieren.

Süße Blätterteigstangen

ERGIBT 24 STÜCK

1 TL gemahlener Zimt
2 EL feiner Zucker
2 Scheiben aufgetauter TK-Blätterteig
Milch zum Bestreichen

1 Heize den Backofen auf 200 °C vor. Mische Zimt und Zucker.

2 Bestreiche die Blätterteigscheiben mit Milch und streue den Zimtzucker darauf.

3 Schneide den Teig in 2 cm breite Streifen. Fass die Streifen an den Enden an und drehe sie ein paarmal.

4 Lege Backpapier auf ein Backblech und lege die Stangen darauf. In ca. 5 Minuten goldgelb backen. Zwischendurch einmal wenden.

Ricotta-Töpfchen mit Himbeeren

ERGIBT 4 PORTIONEN

4 Eier, getrennt
125 g feiner Zucker
350 g frischer Ricotta-Käse
35 g fein gehackte Pistazien
1 TL geriebene Zitronenschale
2 EL Zitronensaft
1 EL Vanillezucker
200 g frische Himbeeren
Puderzucker zum Bestäuben

1 Heize den Backofen auf 180 °C vor. Schlage Eigelb und Zucker in einer Schüssel schaumig auf. Rühre Ricotta, Pistazien, Zitronenschale und Saft unter.

2 Schlage das Eiweiß so steif, dass sich Spitzen bilden. Rühre den Vanillezucker unter. Dann hebe die Eiweißmasse vorsichtig unter die Ricottamasse.

3 Fette sechs Ramequinformen (250 ml). Lege jeweils ein Viertel der Himbeeren hinein, dann gibst du die Ricottamasse darauf.

4 Stelle die Formen auf ein Backblech. Die Töpfchen in ca. 20–25 Minuten leicht bräunen. Mit Puderzucker bestäuben und sofort essen.

Pfirsich-Galettes

ERGIBT 12 STÜCK

1 Rolle Blätterteig aus dem Kühlregal

600 g Pfirsiche, entsteint und in dünnen Scheiben

1 EL zerlassene Butter

1 EL flüssiger Honig

1 EL feiner Zucker

¼ TL gemahlene Muskatnuss

1 Eigelb

1 EL Milch

3 EL Aprikosenkonfitüre

25 g geröstete Mandelblätter

1 Fette ein Backblech leicht ein. Schneide aus dem Teig zwölf Kreise (ca. 10 cm Durchmesser) aus.

2 Mische Pfirsichscheiben, Butter, Honig, Zucker und Muskatnuss. Gib davon etwas auf jeden Teigkreis, lass dabei einen Rand von ½ cm frei.

3 Lege die Galettes aufs Backblech und stelle diese 30 Minuten kalt. Heize den Backofen auf 200 °C vor.

4 Verrühre Eigelb und Milch und bestreiche damit die Teigkanten. Die Galettes in 15 Minuten goldgelb backen.

5 Gib Konfitüre und 1 EL Wasser in einen Topf und rühre das Ganze bei schwacher Temperatur, bis eine glatte Masse entsteht. Bestreiche damit die noch heißen Galettes. Dann streu die Mandelblätter darauf. Vor dem Essen abkühlen lassen.

Apfelecken

ERGIBT 4 PORTIONEN

1 Rolle Blätterteig aus dem Kühlregal

60 g zerlassene Butter

2 EL brauner Zucker

½ TL Lebkuchengewürz

2 grüne Äpfel, geschält, entkernt und in Spalten geschnitten

1 Heize den Backofen auf 210 °C vor und fette ein Backblech ein.

2 Schneide den Teig in vier Quadrate und lege sie aufs Blech.

3 Mische Butter, Zucker und Gewürze und verteile die Hälfte davon auf den Teigquadraten.

4 Schneide die Äpfel in sehr dünne Scheiben. Lege diese auf die Teigscheiben, lasse einen 1 cm breiten Rand frei. Verteile jetzt den Rest der Buttermischung darauf.

5 In 15 Minuten goldgelb backen.

Winzige Erdbeertartes

ERGIBT 24 STÜCK

60 g Weizenmehl
½ TL Backpulver
40 g Butter
2 EL Zucker
2 EL Puddingpulver Vanillegeschmack
185 ml Milch
12 kleine, halbierte Erdbeeren
2 EL warmes Apfelgelee

1 Siebe Mehl und Backpulver in eine Schüssel. Arbeite die Butter mit den Händen darunter. Rühre 1 EL Zucker ein. Gib 1 EL Wasser dazu und vermenge die Zutaten. Auf einer bemehlten Arbeitsfläche knetest du den Teig noch einmal gut durch. Wickle den Teig in Frischhaltefolie und lege ihn 30 Minuten in den Kühlschrank.

2 Heize den Backofen auf 180 °C vor und fette 24 kleine Muffinformen ein.

3 Rolle den Teig ca. 2 mm dick aus und mit einem Kreis-Ausstecher (5 cm) stichst du 24 Kreise aus. Lege den Teig in die Muffinformen. 15 Minuten backen und abkühlen lassen.

4 Gib Puddingpulver, 1 EL Zucker und Milch in einen Topf und rühre das Ganze so lange bei schwacher Hitze, bis es dicker geworden ist.

5 Gib jeweils 1 TL davon in die Mini-Tartes. Lege eine halbe Erdbeere darauf und bestreiche diese mit Apfelgelee.

Mini-Kirsch-Galettes

ERGIBT 24 STÜCK

30 g Butter
1 ½ EL feiner Zucker
1 Eigelb
½ TL Vanillezucker
100 g gemahlene Mandeln
1 EL Weizenmehl
1 Rolle Blätterteig aus dem Kühlregal
650 g entsteinte Sauerkirschen aus dem Glas, abgetropft
160 g warme Kirschkonfitüre

1 Heize den Backofen auf 180 °C vor. Lege ein Backblech mit Backpapier aus.

2 Schlage Butter und Zucker zu einer cremigen Masse auf. Rühre Eigelb, Vanillezucker, Mandeln und Mehl darunter. Kalt stellen.

3 Rolle den Blätterteig aus und steche mit einer runden Ausstechform 24 Kreise (5 cm) aus. Lege die Hälfte auf das Backblech und steche den Teig mehrmals mit einer Gabel ein. Lege ein Stück Backpapier darauf und beschwere das Ganze mit einem Backblech.

4 10 Minuten backen, dann mit den restlichen Teigkreisen genauso verfahren.

5 Gib jeweils 1 TL von der Mandelmasse in die Mitte der Teigkreise und setze eine Kirsche darauf.

6 Weitere 10 Minuten backen. Die Kirschen mit der Kirschkonfitüre bestreichen.

Birnenbällchen

ERGIBT 36 STÜCK

Pudding (milchfrei)

4 Eigelb

90 g Zucker

2 ½ EL Speisestärke

185 ml Birnensaft

185 ml Reisdrink

125 ml Rapsöl

375 ml kaltes Wasser

190 g glutenfreies Mehl

¼ TL Backnatron

1 TL glutenfreies Backpulver

4 Eier

Puderzucker zum Bestäuben

1 Für den Pudding schlägst du Eigelb und Zucker mit dem elektrischen Handrührgerät mit Rührbesen schaumig auf.

2 Speisestärke, Birnensaft und Reisdrink in einem Topf glatt rühren. Gib die Eigelbmasse hinzu und lasse das Ganze bei schwacher Hitze eindicken. Das Rühren nicht vergessen. Gieße den Pudding in eine Schüssel, lege ein Stück Frischhaltefolie darauf und lasse ihn abkühlen.

3 Heize den Backofen auf 210 °C vor. Belege zwei Backbleche mit Backpapier.

4 Gieße Öl und Wasser in einen Topf und lasse das Ganze aufkochen. Nimm den Topf vom Herd und gib die gesiebten Trockenzutaten hinein. Stelle den Topf wieder auf die Herdplatte und rühre so lange, bis ein dicker Teig entsteht. Zum Abkühlen in eine Schüssel geben.

5 Schlage nach und nach die Eier unter den Teig, der dick-glänzend aussehen sollte.

6 Esslöffelweise den Teig auf die Backbleche setzten und mit etwas kaltem Wasser besprühen.

7 10 Minuten backen, die Bällchen sollten dann ganz leicht gebräunt sein. Die Backofentemperatur auf 190 °C reduzieren und weitere 10–15 Minuten backen. Aus dem Ofen nehmen und vollständig abkühlen lassen.

8 Schneide die Bällchen durch und fülle sie mit Pudding. Stäube Puderzucker darüber.

Apfelpies

ERGIBT 4 STÜCK

250 g Weizenmehl

½ Packung Backpulver

2 EL Puddingpulver Vanillegeschmack
(nach Belieben)

2 EL feiner Zucker

155 g gewürfelte Butter

1 verquirltes Ei

Füllung

Je 4 rote und 4 grüne Äpfel, geschält, entkernt,
gewürfelt

4 dicke Streifen Zitronenschale

1 Zimtstange

8 ganze Nelken

90 g feiner Zucker

1. Siebe Mehl, Backpulver, Puddingpulver und Zucker in eine Rührschüssel. Gib die Butter dazu und arbeite sie mit den Händen unter die Trockenzutaten, bis der Teig an Semmelbrösel erinnert.

2. In die Mitte eine Vertiefung machen. Gib die Eier und 3–4 EL eiskaltes Wasser hinzu und vermenge die Zutaten zu einem glatten Teig.

3. Lege den Teig auf eine bemehlte Arbeitsfläche und knete daraus eine Kugel. Diese wickelst du in Frischhaltefolie und legst sie 30 Minuten in den Kühlschrank.

4. Gib Äpfel, Zitronenzesten, Zimtstange, Nelken, Zucker und 440 ml Wasser in einen großen Topf. Lass das Ganze mit Deckel 10 Minuten köcheln, die Äpfel sollten dann weich sein. Nimm den Topf vom Herd und gieße das Wasser ab. Zesten, Zimtstange und Nelken nimmst du heraus. Äpfel abkühlen lassen.

5. Heize den Backofen auf 180 °C vor. Rolle zwei Drittel des Teiges zwischen zwei Stücken Backpapier aus. Lege Boden und Seiten von 4 runden, ofenfesten Schalen (200 ml) damit aus. 10 Minuten kalt stellen.

6. Rolle den restlichen Teig zwischen zwei Lagen Backpapier aus und schneide daraus Deckel für die Pies zu. Fülle die Formen mit den Äpfeln.

7. Streiche die Teigkanten mit Ei und Milch ein. Lege die Deckel darauf und drücke die Kanten fest aufeinander. Den überschüssigen Teig schneidest du mit einem Messer ab.

8. Aus dem restlichen Teig kannst du den Deckel verzieren. Bestreiche den Deckel mit Ei und Milch und schneide ihn mehrmals ein, damit der Dampf entweichen kann. In 45 Minuten goldgelb backen. Mit Pudding, Sahne oder Eis servieren.

Uhrentorte

ERGIBT 8 PORTIONEN

1 Biskuitboden (20 cm)

Buttercreme

125 g Butter

300 g Puderzucker

500 g weiße Zuckerpaste

Rosa und blaue Lebensmittelfarbe

Smarties

2 Weingummischnecken

1   Für die Buttercreme schlägst du mit einem elektrischen Handrührgerät mit Rührbesen Butter und Zucker schaumig auf.

2   Färbe die Buttercreme mit einigen Tropfen Lebensmittelfarbe in kräftigem Blau und streiche die Buttercreme mit einem Spatel auf den Biskuitboden.

3   Lege an den Rand der Torte eine Reihe Smarties.

4   Für die Zahlen gibst du rosa Lebensmittelfarbe in die Zuckerpaste. Rolle die Paste ca. 5 mm dick aus und schneide Buchstaben heraus. Dafür gibt es auch besondere Ausstechförmchen.

5   Lege in die Mitte der Torte ein Smartie und lege die beiden Schnecken als Uhrzeiger daran.

Weihnachtsbaum

**ERGIBT 1 BAUM
(CA. 25 CM HOCH)**

125 g Butter

115 g feiner Zucker

1 Eigelb

3 EL Honig

250 g Weizenmehl

1 TL Backnatron

2 TL gemahlener Ingwer

Bunte Perlen

1 Eiweiß

185 g Puderzucker

5 Waffelteig-Eistüten

Puderzucker zum Bestäuben

1 Heize den Backofen auf 180 °C vor. Bestreiche zwei Backbleche mit zerlassener Butter oder Öl. Mit dem elektrischen Handrührgerät mit Rührbesen schlägst du Butter und Zucker in einer Rührschüssel schaumig auf. Gib Eigelb und Honig dazu und verrühre die Zutaten.

2 Gib gesiebtes Mehl, Backnatron und Ingwer dazu. Verarbeite die Zutaten zu einem geschmeidigen Teig. Nimm den Teig aus der Schüssel und knete ihn auf bemehlter Arbeitsfläche 1 Minute gut durch. Wickle ihn in Frischhaltefolie und lege den Teig 15 Minuten in den Kühlschrank.

3 Rolle den Teig zwischen zwei Lagen Backpapier etwa 3 mm dick aus. Mit einem Tannenbaum-Ausstecher (ca. 8 cm hoch) stichst du jetzt 30 Bäume aus. Aus dem restlichen Teig stichst du sechs Sterne (4 cm) aus. Lege Bäume und Sterne auf das Backblech, achte darauf, dass genug Abstand dazwischen ist. Drücke die bunten Perlen in die Baumspitzen und jeweils in einen Sternzacken. 15 Minuten backen und auf einem Rost abkühlen lassen.

4 Mit dem elektrischen Handrührgerät mit Rührbesen schlägst du das Eiweiß leicht schaumig. Gib den Puderzucker esslöffelweise dazu und rühre das Ganze, bis eine glatte Creme entsteht. Gib so viel Puderzucker dazu, bis die Creme eine feste Streichkonsistenz hat.

5 Jetzt wird der Baum zusammengesetzt: Staple die Eistüten aufeinander, wobei du zwischen die einzelnen Tüten etwas von der Eiweißmasse verstreichst, damit sie gut haften. Streiche jetzt die untere Eistüte rundherum mit dem Eiweiß ein. Drücke die Tannenbäume hinein, sie überlappen sich dabei. Arbeite dich von unten nach oben. Für die Spitze klebst du erst zwei Sterne mit dem Eiweiß zusammen, bevor du sie auf die Eistüte klebst. Lass das Bäumchen trocknen. Zum Schluss bestäubst du den Weihnachtsbaum mit Puderzucker.

Buntglastaler

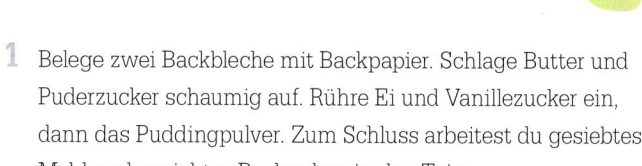

ERGIBT 16 STÜCK

150 g weiche, gewürfelte Butter

60 g Puderzucker

1 Ei

1 TL Vanillezucker

40 g Puddingpulver Vanillegeschmack

280 g Weizenmehl

2 TL Backpulver

150 g gemischte harte, kleine Bonbons

1 verquirltes Ei zum Glasieren

1 Belege zwei Backbleche mit Backpapier. Schlage Butter und Puderzucker schaumig auf. Rühre Ei und Vanillezucker ein, dann das Puddingpulver. Zum Schluss arbeitest du gesiebtes Mehl und gesiebtes Backpulver in den Teig.

2 Lege den Teig auf eine leicht bemehlte Arbeitsfläche und knete ihn glatt. Rolle den Teig zwischen zwei Lagen Backpapier 3 mm dick aus. 15 Minuten kalt stellen.

3 Heize den Backofen auf 200 °C vor. Sortiere die Bonbons nach Farben und zerkleinere sie mit einem Nudelholz.

4 Jetzt stichst du mit einer runden, gezackten Keks-Ausstechform (ca. 9,5 cm) Taler aus und legst sie auf die Bleche. Mit winzigen Ausstechformen stichst du dann die kleinen Löcher aus dem Taler aus.

5 Glasiere die Taler mit dem verquirlten Ei und backe sie 5 Minuten. Pass auf, dass die Glasur nicht in die kleinen Öffnungen läuft, sonst wird das Buntglas milchig.

6 Fülle jede kleine Öffnung mit unterschiedlich bunten Bonbonstücken. 5–6 Minuten backen oder so lange, bis die Bonbons schmelzen. 10 Minuten auf dem Blech abkühlen lassen, dann auf einem Rost vollständig erkalten lassen.

Würzige Weihnachtsmuffins

ERGIBT 12 STÜCK

325 g gemischte getrocknete Früchte
310 g Mehl
3 TL Backpulver
1 TL Lebkuchengewürz
1 TL gemahlener Zimt
½ TL gemahlene Muskatnuss
155 g brauner Zucker
125 ml Milch
1 verquirltes Ei
2 EL Aprikosenkonfitüre
½ TL sehr fein geriebene Zitronenschale
½ TL sehr fein geriebene Orangenschale
125 g zerlassene und abgekühlte Butter
125 g fertiger Puderguss (Zuckerguss)
Puderzucker zum Bestäuben
2 EL Aprikosenkonfitüre, erwärmt und passiert
Rote und grüne glasierte Kirschen zum Dekorieren

1 Lasse die Trockenfrüchte in 4 EL Wasser abgedeckt 1–2 Stunden einweichen, rühre ab und zu mal um.

2 Heize den Backofen auf 200 °C vor. Lege in ein Muffinblech mit zwölf Vertiefungen Papierformen. Siebe Mehl, Backpulver, Lebkuchengewürz, Zimt und Muskat in eine große Rührschüssel und rühre den braunen Zucker darunter. In die Mitte eine Vertiefung machen.

3 Verrühre die Milch mit dem Ei, der Aprikosenkonfitüre, der Zitronen- und Orangenschale und der zerlassenen Butter und gieße das Ganze in die Vertiefung zu den Trockenzutaten. Gut miteinander mischen und zu einem Teig anrühren.

4 Den Teig in die Papierförmchen geben und die Muffins 20 Minuten backen. 5 Minuten in der Form abkühlen lassen, herausnehmen und auf einem Rost vollständig erkalten lassen.

5 Lege den Zuckerguss auf eine mit Puderzucker bestäubte Arbeitsfläche und rolle ihn 2 mm dick aus. Mit einer runden, geriffelten Ausstechform 12 Kreise (7 cm) ausstechen.

6 Bestreiche die Muffins mit Aprikosenkonfitüre und lege auf jeden einen Zuckerguss-Kreis. Dekoriere ihn mit einer roten Kirsche und einem Blatt aus einem Stuck gruner Kirsche.

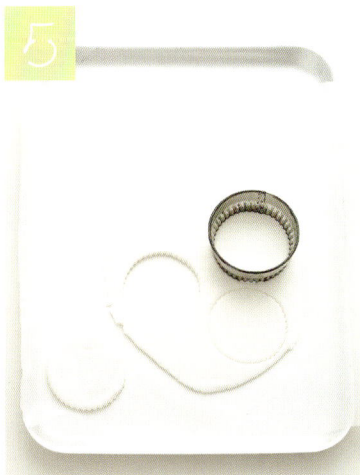

Funkelnde Zauberstäbe

ERGIBT 10 STÜCK

80 g gewürfelte Butter

80 g feiner Zucker

120 g Weizenmehl

2 TL Backpulver

2 EL Puddingpulver Vanillegeschmack

1 verquirltes Ei

200 g geschmolzene weiße Schokolade

10 Eisstiele aus Holz

Fertiger Zuckerguss zum Dekorieren

Kleine silberne und rosa Perlen

1 Gib Butter, Zucker, Mehl, Backpulver und Puddingpulver in eine Küchenmaschine. 30 Sekunden mischen, bis die Mischung krümelig wird. Das Ei zugeben und 20 Sekunden weitermixen bzw. so lange, bis ein weicher Teig entsteht.

2 Lege den Teig auf eine bemehlte Arbeitsfläche und knete ihn 30 Sekunden. Wickle ihn in Frischhaltefolie und stelle ihn für 1 Stunde in den Kühlschrank.

3 Heize den Backofen auf 180 °C vor und belege zwei Backbleche mit Backpapier. Rolle den Teig zwischen zwei Lagen Backpapier ca. 3 mm dick aus, dann stichst du mit einer Stern-Ausstechform Sterne aus. Lege die Sterne auf die Backbleche und backe Sie in 15 Minuten goldgelb. Auf den Blechen abkühlen lassen.

4 Bestreiche die Hälfte der Sterne auf der Unterseite mit jeweils ½ TL geschmolzener Schokolade und lege jeweils einen Holzstiel darauf. Lege die anderen Sterne darauf und drücke sie fest an. Lasse die Schokolade fest werden.

5 Zum Garnieren gibst du einige kleine Kleckse Puderzuckerguss auf die Sterne und drückst die Perlen hinein.

Piratenschiffe

ERGIBT 8–10 STÜCK

150 g gehackte dunkle Schokolade

250 g weiche Butter

115 g feiner Zucker

310 g Weizenmehl

2 TL Backpulver

Glasur

60 g gesiebter Puderzucker

1 TL Butter

1 EL heißes Wasser

¼ TL Vanillezucker

Einige Tropfen rote und blaue Lebensmittelfarbe

1 Heize den Backofen auf 160 °C
vor und bestreiche zwei Backbleche mit etwas Butter oder Öl.

2 Gib die Schokolade in eine hitzebeständige Schüssel und stelle
diese auf einen Topf mit siedendem Wasser (der Boden der
Schüssel darf nicht mit dem Wasser in Berührung kommen).
Rühre so lange, bis die Schokolade geschmolzen ist.

3 Mit einem elektrischen Handrührgerät mit Rührbesen schlägst
du Butter und Zucker zu einer blass-gelben Masse. Rühre die geschmolzene Schokolade darunter. Siebe Mehl und Backpulver
dazu und verarbeite die Zutaten zu einem glatten Teig.

4 Rolle den Teig auf einer leicht bemehlten Arbeitsfläche aus. Mit
einer Piratenschiff-Ausstechform stichst du aus dem Teig Pira-
tenschiffe aus. Lege sie auf die Backbleche. Achte auf den Abstand, die Schiffe laufen beim Backen noch auseinander.

5 12–15 Minuten backen, einige Minuten auf den Blechen abkühlen
lassen, dann auf einem Rost vollständig erkalten lassen.

6 Für die Glasur rührst du alle Zutaten zu einer glatten Masse.
Teile diese in drei Portionen auf und färbe zwei davon mit Lebensmittelfarbe. Dekoriere die Schiffe wie links auf dem Bild.

Hinweis: Diese Ausstechförmchen bekommst du in Haus-
haltswarenläden, sie sind aber auch online zu bestellen.

Schoko-Teddygesichter

ERGIBT ETWA 15 STÜCK

45 g grob gehackte Schokolade
125 g gewürfelte Butter
30 g Puderzucker
1 verquirltes Ei
1 EL Speisestärke
185 g Weizenmehl
2 TL Backpulver
2 EL ungesüßtes Kakaopulver
50 g gehackte weiße Schokolade
30 g braune Smarties für die Augen
15 weiße Fruchtgummibohnen für die Nase
Rote, saure Früchtchen für die Fliegen

1 Heize den Backofen auf 180 °C vor. Fette zwei Backbleche leicht ein und lege Backpapier darauf.

2 Gib die Schokolade in eine hitzebeständige Schüssel und stelle sie auf einen Topf mit siedendem Wasser (die Schüssel darf das Wasser nicht berühren). Rühre die Schokolade so lange, bis sie geschmolzen ist und eine glatte Masse bildet.

3 Mit einem elektrischen Handrührgerät mit Rührbesen schlägst du Butter und Puderzucker in einer Schüssel schaumig auf. Rühre das Ei und geschmolzene Schokolade kräftig darunter.

4 Siebe Speisestärke, Mehl, Backpulver und Kakao dazu und vermenge die Zutaten mit einem Gummispatel zu einem glatten Teig.

5 Knete den Teig anschließend 30 Sekunden auf einer leicht bemehlten Arbeitsfläche durch.

6 Rolle den Teig ca. 1 cm dick aus. Mit Teddykopf-Ausstechformen stichst du jetzt 15 Teddyköpfe aus und legst diese auf die Backbleche.

7 Die Teddys in 15 Minuten backen.

8 Gib die weiße Schokolade in eine hitzebeständige Schüssel und stelle sie auf einen Topf mit siedendem Wasser (die Schüssel darf das Wasser nicht berühren). Rühre die Schokolade so lange, bis sie geschmolzen ist und eine glatte Masse bildet.

9 Verziere die Teddys mit Süßigkeiten, die du mit der weißen Schokolade anklebst.

Fledermäuse

ERGIBT 12 STÜCK

340 g Fertigpackung für Schokoladenkuchen

125 g Sahne

2 EL Schokoladeneis

24 rote Gummidrops für die Augen

1 Heize den Backofen auf 180 °C vor. Fette 24 kleine Pasteten- oder Muffinförmchen und lege Papierformen hinein.

2 Bereite den Schokoladenkuchen nach Packungsanleitung zu. Gib jeweils 1 EL vom Teig in die Förmchen.

3 15 Minuten backen und auf einem Rost abkühlen lassen.

4 Schneide von den kleinen Kuchen oben eine Scheibe ab und halbiere die Scheiben.

5 Verrühre die Sahne mit dem Eis und fülle die Höhlen damit.

6 Setze die halbierten Scheiben oben als Ohren an und drücke rote Gummidrops als Augen hinein.

Hübsche Partysterne

ERGIBT 60 STÜCK

125 g weiche Butter
50 g feiner Zucker
1 verquirltes Ei
2 EL Honig
2 EL geriebene Zitronenschale
310 g Weizenmehl
½ Packung Backpulver
½ TL gemahlener Ingwer

Zuckerguss

215 g gesiebter Puderzucker
2–3 EL Zitronensaft
Bunte Perlen zum Verzieren

1 Heize den Backofen auf 180 °C vor. Belege zwei Backbleche mit Backpapier. Fette das Papier leicht ein.

2 Schlage Butter und Zucker in einer Rührschüssel zu einer schaumigen Masse. Rühre das Ei unter, dann den Honig und die Zitronenschale.

3 Mit einem Metalllöffel arbeitest du Mehl, Backpulver und Ingwer unter. Knete den Teig zu einer Kugel. Wickle ihn in Frischhaltefolie ein und stelle ihn 15 Minuten kalt.

4 Rolle den Teig zwischen zwei Lagen Klarsichtfolie aus. Dann stichst du mit einer Sternenform (5 cm) Sterne aus und legst diese auf die Backbleche.

5 In 10 Minuten blass goldgelb backen. 5 Minuten auf den Blechen abkühlen lassen, dann auf einem Rost vollständig erkalten lassen.

6 Für den Zuckerguss verrührst du den gesiebten Puderzucker und etwas Zitronensaft. Mit einem Messer streichst du den Guss auf die Sterne. Verziere sie zum Schluss mit bunten Perlen.

Katz und Maus

ERGIBT 12 STÜCK

125 g Butter
1 TL fein geriebene Zitronenschale
170 g feiner Zucker
2 verquirlte Eier
125 ml Milch
250 g Weizenmehl
2 TL Backpulver

Zuckerguss

125 g Butter
250 g Puderzucker
2 EL Milch
Lebensmittelfarbe
Süßigkeiten wie z. B. saure Früchtchen, Marshmallows, Gummidrops, Smarties, Mintplättchen, Lakritze usw.

1 Heize den Backofen auf 180 °C vor. Fette ein Muffinblech mit zwölf Vertiefungen ein.

2 Schlage Butter, Zitronenschale und Zucker in einer Rührschüssel schaumig auf. Rühre nach und nach die Eier darunter.

3 Mit einem großen Metalllöffel arbeitest du dann im Wechsel mit der Milch gesiebtes Mehl, Backpulver unter den Teig. Rühre so lange, bis ein glatter Teig entsteht.

4 Fülle die Muffinvertiefungen zu zwei Dritteln mit dem Teig.

5 In 20 Minuten goldgelb backen. Auf einem Rost abkühlen lassen.

6 Für den Zuckerguss schlägst du mit einem elektrischen Handrührgerät mit Rührbesen die Butter schaumig auf, dann rührst du den gesiebten Puderzucker und die Milch darunter, bis eine glatte Creme entsteht. Portionsweise kannst du den Zuckerguss mit Lebensmittelfarbe einfärben.

7 Bestreiche die Muffins mit dem Zuckerguss und verziere sie mit den Süßigkeiten.

Piratengesichter

ERGIBT 30 STÜCK

250 g Puderzucker
1–2 EL Wasser
2–3 Tropfen rote Lebensmittelfarbe
30 große, runde Kekse
4 Lakritzbänder
10 blaue Gummidrops, gedrittelt
19 rote Gummidrops, gedrittelt
15 schwarze Gummidrops, längs halbiert

1   Verrühre in einer kleinen Schüssel Puderzucker und Wasser. Stelle die Schüssel auf einen Topf mit siedendem Wasser (die Schüssel darf das Wasser nicht berühren) und rühre die Masse glatt. Nimm 1 EL der Masse ab und färbe ihn mit roter Lebensmittelfarbe. Die Kekse mit dem weißen Zuckerguss bestreichen.

2   Jetzt machst du die Piratengesichter. Der weiße Guss ist noch feucht. Für das Kopftuch schneidest du Lakritzbänder zurecht und legst sie oben auf die Kekse, etwas festdrücken. Dann brauchst du ein Stück Lakritze für den Bart und die Augenklappe. Mit den Gummidrops formst du Auge, Mund und Augenklappe. Mit dem roten Zuckerguss tropfst du einige Punkte auf das Kopftuch. Stelle die Kekse in den Kühlschrank, damit sie fest werden.

Marsmenschen

ERGIBT 10 STÜCK

125 g weiche Butter
115 g feiner Zucker
1 Ei
250 g Weizenmehl
125 g Puderzucker
3 EL heißes Wasser
4 Tropfen grüne Lebensmittelfarbe
5 verschiedene Lakritzbonbons, halbiert
20 halbierte Gummidrops
5 halbierte, rechteckige Gummibonbons

1   Für die Kekse schlägst du Butter, Zucker und Ei mit dem elektrischen Handrührgerät mit Rührbesen schaumig auf. Arbeite das Mehl unter.

2   Mit den Händen knetest du dann einen Teig. Lege ihn auf eine leicht bemehlte Arbeitsfläche und knete daraus einen geschmeidigen Teig. Wickle ihn in Frischhaltefolie und lege ihn 1 Stunde in den Kühlschrank.

3   Heize den Backofen auf 180 °C vor und bestreiche ein großes Backblech mit Butter oder Öl. Rolle den Teig zwischen zwei Lagen Backpapier 5 mm dick aus. Verwende eine Ausstechform für Lebkuchenmänner. Lege die Marsmenschen auf das Backblech und backe sie in 15 Minuten goldgelb. Abkühlen lassen.

4   Siebe den Puderzucker in eine Schüssel. Gib Wasser und Lebensmittelfarbe hinzu und rühre den Guss gut um. Bestreiche jeden Marsmenschen mit dem grünen Guss und verziere ihn mit Süßigkeiten, solange der Guss noch feucht ist.

Kekse mit Marshmallow-Füllung

ERGIBT ETWA 25 STÜCK

125 g gewürfelte Butter
125 g feiner Zucker
1 Ei
¼ TL Vanillezucker
250 g Weizenmehl
2 TL Backpulver
25 große Marshmallows

1 Heize den Backofen auf 160 °C vor und belege ein Backblech mit Backpapier.

2 Schlage die Butter und den feinen Zucker schaumig auf. Gib das Ei und den Vanillezucker hinzu und verrühre die Zutaten gut. Siebe Mehl und Backpulver dazu und rühre, bis ein glatter Teig entsteht.

3 Lege den Teig auf ein Stück Backpapier und lege ein zweites Stück darüber. Jetzt rollst du den Teig 5 mm dick aus. Mit Keks-Ausstechformen deiner Wahl stichst du die Kekse aus und legst sie auf das Blech.

4 In 10–15 Minuten blass goldgelb backen. Auf einem Rost abkühlen lassen. Lege die Hälfte der Kekse auf ein Backblech und lege jeweils einen Marshmallow darauf. 1 Minute bei 160 °C backen. Nach dem Backen einen zweiten Keks darauflegen.

Zarte Herzen

ERGIBT ETWA 20 STÜCK

125 g Butter
85 g Puderzucker
1 Ei
Einige Tropfen rote Lebensmittelfarbe
Einige Tropfen Erdbeersaft
Einige Tropfen Vanillearoma
285 g Weizenmehl
2 TL Backpulver

1 Heize den Backofen auf 180 °C vor und belege zwei Backbleche mit Backpapier.

2 Mit dem elektrischen Handrührgerät mit Rührbesen schlägst du Butter und Puderzucker in einer Schüssel schaumig auf. Rühre dann das Ei unter. Die Hälfte der Mischung gibst du in eine zweite Schüssel und verrührst sie mit Lebensmittelfarbe und Erdbeersaft.

3 In die andere Schüssel rührst du das Vanillearoma. Teile Mehl und Backpulver auf beide Schüsseln auf und rühre die Teige an.

4 Rolle die beiden Teige zwischen zwei Lagen Backpapier 5 mm dick aus. Verwende eine Herzausstechform. Mit einer kleineren Herzform stichst du ein kleineres Herz aus. Tausche die kleinen Herzen aus und lege die kleinen rosa Herzen in das helle Herz und die kleinen hellen in das große rosa Herz.

5 Auf Bleche legen und in 10–12 Minuten goldgelb backen. Auf einem Rost abkühlen lassen.

Register

VERLAGSGRUPPE PATMOS

PATMOS
ESCHBACH
GRUNEWALD
THORBECKE
SCHWABEN

Die Verlagsgruppe
mit Sinn für das Leben

Aus dem Englischen von Annerose Sieck

Umschlaggestaltung: Finken & Bumiller, Stuttgart
Umschlagabbildung: © gettyimages / Dave King
Gedruckt in China
ISBN 978–3-7995–0751–6

Wichtiger Hinweis: Menschen, die besonders empfindlich auf die Auswirkungen einer Salmonellenvergiftung reagieren könnten (also ältere Menschen, Schwangere, Kinder und Menschen mit Immunschwächekrankheiten), sollten vor dem Verzehr von rohen Eiern unbedingt ihren Arzt konsultieren.

Noch ein Tipp zum Ofen: Die Back- und Kochzeiten der einzelnen Gerichte können je nach Ofentyp stark variieren. Wenn Sie einen Umluftofen haben, dann sollten Sie die Temperatur grundsätzlich 20 °C niedriger einstellen als im Rezept angegeben.